乡贤文化丛书

乡贤文化丛书

忧乐天下遗韵长

——治家理国的范仲淹

卫绍生 廉朴 主编

任崇岳 著

中原出版传媒集团
中原传媒股份公司

大象出版社
·郑州·

图书在版编目(CIP)数据

忧乐天下遗韵长：治家理国的范仲淹 / 任崇岳著.— 郑州：大象出版社，2018. 8
(乡贤文化丛书 / 卫绍生，廉朴主编. 第一辑)
ISBN 978-7-5347-9689-0

Ⅰ. ①忧… Ⅱ. ①任… Ⅲ. ①范仲淹（989-1052）—生平事迹 Ⅳ. ①K827=441

中国版本图书馆 CIP 数据核字(2018)第 008978 号

乡贤文化丛书

卫绍生 廉朴 主编

YOULE TIANXIA YIYUN CHANG

忧乐天下遗韵长

——治家理国的范仲淹

任崇岳 著

出 版 人 王刘纯
总 策 划 郑强胜
责任编辑 孙 波
责任校对 牛志远
装帧设计 王莉娟

出版发行 大象出版社(郑州市开元路 16 号 邮政编码 450044)
发行科 0371-63863551 总编室 0371-65597936
网 址 www.daxiang.cn
印 刷 洛阳和众印刷有限公司
经 销 各地新华书店经销
开 本 787mm×1092mm 1/16
印 张 13
字 数 159 千字
版 次 2018 年 8 月第 1 版 2018 年 8 月第 1 次印刷
定 价 32.00 元

印厂地址 洛阳市高新区丰华路三号
邮政编码 471003 电话 0379-64606268

总序

“乡贤”，这一古老的称呼已经淡出人们的视野很久了。

党的十八大以来，乡贤重新进入人们的视野，成为人们热议的话题。中共中央、国务院2015年颁布的《关于加大改革创新力度加快农业现代化建设的若干意见》中明确指出，要“创新乡贤文化，弘扬善行义举，以乡情乡愁为纽带吸引和凝聚各方人士支持家乡建设，传承乡村文明”。在中共中央、国务院的文件里提到乡贤和乡贤文化，这应该是首次，它表明作为中国优秀传统文化重要组成部分的乡贤文化，既是传承乡村文明的重要内容，也是新时期农村文化建设的重要内容。但是，由于乡贤和乡贤文化淡出人们视线已久，在这一概念重新被提出来的时候，许多人并不明白什么是乡贤，什么是乡贤文化，更不知道如何传承和弘扬乡贤文化。鉴于此，有必要对乡贤称谓、乡贤之说的起源、乡贤对中国乡村的作用与意义、乡贤文化包含哪些内容等，作简要回答。

何谓乡贤？按照通常的解释，乡贤是指那些道德品行高尚同时又对乡村建设有过贡献的人。这里包含两个层面的意思：一是道德品行高尚，二是对家乡建设作出过贡献。但如果仅仅是道德品行高尚，满足于个人修身齐家、独善己身、洁身自好，很少关心乡里乡亲，很少对乡梓作出过贡献，那么，这样的人只能称为乡隐，而不能称为乡贤。乡贤既应是道德为人敬仰、行为堪称模范的人，更应是为家乡作出过一定贡献的人。不论是教书育人、传承文化、制定乡约、调解邻里矛盾，还是乐善好施、修桥铺路、接济乡人，举凡一切有益于乡里乡亲的事情，他们总是满腔热情，乐做善为。对乡村建设的贡献，是乡贤的必备条件。如果对家乡父老没有什么贡献可言，何以成为乡贤？看一看汉魏六朝出现的一些记述各地乡贤的著作，如《汝南先贤传》《陈留耆旧传》《襄阳耆旧记》《鲁国先贤传》《楚国先贤传》等，其中记载的各地乡贤，不仅在道德、学问、修养、名望等方面为人称颂，成为时人敬仰的楷模，而且都是对家乡作出过贡献的人。他们能入各种乡贤传，绝非浪得虚名。

乡贤之说起源于何时？乡贤很早就存在于中国的乡村，但乡贤之说却是在东汉中后期才逐渐流行起来的。东汉中后期，随着一些世家大族的崛起，各个郡国都热衷于撰写乡贤传记，表彰那些曾经为当地经济、社会、文化发展作出过贡献的贤人雅士。东汉以后，世家大族成为维持中国乡村社会稳定的重要力量，涌现出许多被后人称为乡贤的人物，他们对当时的社会，乃至对中国历史文化都产生了重要影响。作为乡村精英的乡贤，在乡村治理、乡村教育等方面可补政府治理之不足，发挥了政府无法起到的重要作用。一些人看到了乡贤对社会发展的积极作用，把所属郡国那些有影响的人物事迹记录下来，于是出现了所谓的“郡书”。唐代史学家刘知幾在谈到这类著作时说：“郡书者，矜其乡贤，美其邦族，施于本国，颇得流行；置于他方，罕闻爱异。其有如常璩之详审，刘昞之该博，而能传诸不朽、见美来裔者，盖无几焉。”（刘知幾：《史通》卷十《内篇·杂述》）刘知幾是较早关注到乡贤类著作的史学家，他认为，乡贤类著作都是“矜其乡贤，美其邦族”，因而在当地比较流行，而到了其他地方，知道的人就很少了。在谈到东汉史书繁盛的原因时，刘知幾再次提到了乡贤：“降及东京，作者弥众。至如名邦大都，地富才良，高门甲族，代多髦俊。邑老乡贤，竞为别录。家牒宗谱，各成私传。于是笔削所采，闻见益多。此中兴之史，所以又广于《前汉》也。”（刘知幾：《史武训，穷且益坚，不坠青云之志，行乞办学，创办崇贤义塾，让那些读不起书的孩子进学堂读书，更让人肃然起敬。再如晚清职业慈善家余治，一生清贫，却四处呐喊，奔走于大江南北，劝人行善，宣传忠孝节义，成立各种慈善机构，移风易俗，救济孤贫，而且创立戏班，编写剧本，以戏曲劝善，被人誉为“江南大善人”。他们以各自的方式感染着世人，固化着中国乡村的超稳定结构，使中国乡村这个自秦汉以来政府行政权力鞭长莫及之地，成为乡绅乡贤的表演舞台。在当代作家陈忠实的长篇小说《白鹿原》中，从白嘉轩、鹿子霖和冷先生等人物身上，读者依稀看到了久违的乡贤形象，所以有评论者指出，《白鹿原》就是在寻找失去的乡贤。这样的评论虽然不无偏颇，却也道出了小说的文化追求。

乡贤是乡贤文化的创造者和实践者，从他们身上，人们可以看到传统乡贤文化在乡村建设、乡村治理、文化教育、乡土认同等方面发挥的重要作用。所以，从中国古代一直到近现代，许多乡村都建有乡贤祠，用以供奉和祭奠那些为乡村建设作出贡献的乡贤们，展示各地不同的乡贤文化。

乡贤文化是由乡贤及其乡人共同创造的，是中华优秀传统文化的重要组成部分。它作为一种文化形态，对中国古代的乡村治理，对家国文化的认同，对乡村社会的维系，对农业文明的传承，对宗族文化的延续，对乡村文明的弘扬，都具有重要的文化价值。在传承发展中华优秀传统文化的当下，创新乡贤文化，就应在进一步明确乡贤文化的历史文化价值与当代意义的前提下，深入发掘乡贤文化的内在价值和积极作用。具体来讲，就是要注重发掘乡贤文化对家国认同、乡村治理、乡村教育、乡村建设、乡村文明传承等方面的深层文化内涵，通过一个个乡贤人物，阐释乡贤文化的重要价值，梳理乡贤文化的积极意义，探索乡贤文化的传承创新路径。譬如家国认同，首先是基于对家族和家乡的认同。乡贤作为当地的贤者，不仅具有很强的凝聚力，而且还常常让乡党引以为豪，人们不论处于多么遥远的地方，只要说起共有的乡贤，就会立即引起强烈的共鸣，自然而然地拉近了人们之间的情感距离，从而形成对家族和家乡的认同。从这个意义上说，乡贤是家乡认同的标志性人物，也是促进家国认同的情感纽带。

乡贤文化对传承发展乡村文明，对当代乡村文化建设，对提升文化自觉、树立文化自信，对实现中华民族伟大复兴的中国梦，都具有积极意义。在大力弘扬传承发展中华优秀传统文化的当下，挖掘乡贤文化的丰富内涵，梳理乡贤文化的历史脉络，发掘乡贤文化的价值意义，进而创新乡贤文化，建设新乡贤文化，是传承发展中华优秀传统文化的内在要求，是提升文化自觉、树立文化自信的内在要求，也是实现中华民族伟大复兴的中国梦的内在要求。

为此，我们组织编纂了这套“乡贤文化丛书”，把自东汉以来的历代乡贤进行梳理，系统展示乡贤、乡贤文化的历史风貌和文化价值，以期让广大读者对优秀传统文化中的乡贤和乡贤文化有更多的了解，对乡贤文化的历史作用和当代价值有更多的认知，共同为创新乡贤文化、建设新乡贤文化作出应有的贡献。

“乡贤文化丛书”第一辑，我们精选了10位在中国历史上有一定影响的各地乡贤，他们不论在教书育人、修身齐家，还是在乡村治理、乡村建设、慈善赈济等方面均作出了一定贡献，成为人们传颂的典范楷模。在本辑编写过程中，每位作者均对自己承担的人物有一定研究，但因作者较多，行文风格各异，难免会出现一些不尽如人意之处，不妥之处，尚祈读者批评。

卫绍生　廉　朴

2018年5月20日

目 录

一、出身于簪缨世家

宋太宗端拱二年八月丁丑，即989年10月1日，一代名相范仲淹在淮北古城徐州呱呱坠地。

范姓是百家姓中的著姓。相传帝尧有裔孙名刘累，曾为夏王孔甲驯养龙，被赐为御龙氏，其后裔在商代更名为豕韦氏。周朝取代商朝，兴灭国，继绝世，豕韦氏被迁于杜（今陕西西安东南），建立杜国，人称唐杜氏。

周宣王时杜国国君奉诏入朝辅政，任大夫之职，伯爵。杜伯恪守官箴，忠贞辅国，奸佞宵小对他甚为忌恨，纷纷在周宣王面前进谗言，周宣王不察究竟，杀了杜伯。其子隰（xí）叔逃往晋国，被任命为掌管狱讼、刑罚的士师，改称士蔿。士蔿之孙士会曾辅佐晋文公成就霸业，被晋文公、晋襄公、晋成公倚为干城，执掌国政。士会的食邑先是在随（今山西介休东南），后改封为范地（今河南范县），以封邑为氏，称范氏，死后称范武子。这就是范姓的由来。

范仲淹的远祖范滂是东汉桓帝时一位刚直不阿的清官。范滂，字孟博，汝南征羌（治今河南漯河东南）人，因为学识渊博、品德高尚而被推举为孝廉。

汉代没有科举，朝廷所需人才由三公九卿、地方郡守等官员定期或不定期地向皇帝荐举，名目有贤良方正、直言极谏、孝悌力田、孝廉等，大约每

范仲淹像

次从20万人中推荐一人，被荐举者可以是官吏，也可以是普通百姓。

范滂既被举为孝廉，适逢冀州（治今河北冀州）遭灾，饿殍遍地，范滂被委任为清诏使，去冀州查看灾情。清诏使是临时委派的职务，并非正式官职，范滂却刚直不阿，极为认真，地方官员借赈灾之名贪污自肥，范滂查实后一一劾奏，那些贪官都受到了惩处，范滂之名也不胫而走，回朝后被任命为光禄勋主事。

光禄勋的职掌是宫廷警卫，主事是低级办事员。汝南太守宗资得知范滂刚正不阿，延聘他入府衙，署为功曹，委以政事。范滂扶正祛邪，兴利除弊，裁抑豪强，为民请命，并与太学生结交，反对把持朝政的宦官。宦官对他恨之入骨，怂恿皇帝把他和李膺等人下于狱中。范滂铮铮硬骨，不肯屈服，好在不久即获释放。出狱之时，汝南、南阳士大夫争以车辆迎接，达数千辆之多。汉灵帝建宁二年（169年）大诛党人时，范滂再次被捕，惨死狱中。

魏晋南北朝时期，范姓没有显赫官员，到了唐朝，范滂的裔孙范履冰曾任丞相之职，任鸾台凤阁平章事。

唐代官制，中书省、门下省、尚书省三省的长官皆为宰相，但未必有实权，只有加上“平章事”这个头衔，才能到政事堂议事。武则天时改中书省为凤阁、门下省为鸾台、尚书省为文昌台，如名相狄仁杰叫鸾台侍郎同平章事。

范履冰任过宰相，但不带“平章事”三字，不是手握实权的宰相，后来有了鸾台凤阁平章事的头衔，就成了大权在握、名副其实的宰相了。因此楼钥在《范文正公年谱》中说范滂“裔孙履冰为唐丞相、鸾台凤阁平章事”。大概从范履冰开始，范家才“世居河内”。河内，即今河南沁阳。至于范履冰是唐代什么时候的丞相，《范文正公年谱》中未说，但是在武则天之后是可以肯定的。从士会封到范地姓范，到范滂居住汝南征羌，再到范履冰“世居河内”，范仲淹家族与河南结下了不解之缘。

范仲淹的高祖范隋在唐懿宗咸通二年（861年）任幽州良乡县（今北京房山区）主簿。主簿是县令的属下官员，级别为正九品，职掌是帮助县令处理粮马、税收、户籍等杂事。到咸通十一年（870年）才升迁为处州丽水县丞。县丞是县令的主要辅佐，级别为正八品，仍是下级官员。

范隋任满本欲返乡，但是乾符二年（875年）发生了黄巢起义，中原地区兵燹遍地，范隋无法北归，只得卜居于苏州吴县（今属江苏苏州），从此这支范姓便成了苏州人。这就是富弼在《范仲淹墓志铭》中说的，范隋“唐末为幽州良乡主簿，遭乱奔两浙，家于苏之吴县”，直到范隋去世，再未回过北方。

范仲淹的曾祖父范梦龄是范隋的长子，当过吴越国中吴军节度判官，史书上没有更多记载。

吴越国是指唐朝末年杭州临安人钱镠建立的国家。钱镠当过镇海、镇东两节度使，驻节杭州，是手握节钺的藩镇，被唐朝封为越王。钱镠请求改封为吴越王，朝廷没有答应，经另一藩镇朱全忠调停，改封吴王。朱全忠取代唐朝建立后梁，钱镠俯首称臣，后梁遂封钱镠为吴越王。范梦龄所任的判官是节度使的属官，即幕僚。唐代各节度使都有延请幕僚之风，至五代仍相沿不替。虽然幕僚的话节度使可听可不听，但节度使仍喜欢延请名士入幕当判官，究其原因不过是为了博得一个礼贤下士的美名而已。

范仲淹当了参知政事后，宋朝天子照例有封赠，先追赠范梦龄为太子太保，后追赠为太保，及至范仲淹之子范纯仁当宰相，范隋的封赠也跟着升格，被追赠为太师、徐国公，范仲淹的曾祖母陈氏也被追赠为徐国太夫人。

范仲淹的祖父叫范赞时，是范梦龄的第四子。他聪颖过人，9 岁时便脱颖而出，当了吴越国的官员。《范文正公年谱》上说，范仲淹“祖赞时，仕吴越，九岁童子出身”。

什么是“童子出身”？原来唐朝规定，凡 10 岁以下儿童，能够通晓一种经书及《孝经》《论语》，能背诵 10 篇者赏给官职，能背诵 7 篇者给予出身，称之为童子科。范赞时 9 岁能背诵 7 篇经书，获得了“童子出身”的资格，也就是说，不必参加科举考试，便有了当官的资格。范赞时在吴越国当过朝散大夫、检校少府少监，最后的官职是秘书监。

朝散大夫是文职官，唐代文官阶官共 29 级，朝散大夫为从五品下阶，比朝散大夫高一级的是朝请大夫，级别是从五品上阶。少府是替吴越国王管理皇室财产的官员；少监则是主管手工业制作的机构，正长官称监，

范文正公年譜
四明樓鑰編
五世孫之柔校正
公昔遠祖博士范滂為清詔使裔孫履冰為
唐丞相鸞臺鳳閣平章事世居河内四世祖
上柱國隋懿宗朝咸通二年任幽州良鄉主
簿誥書猶存至十一年遷處州麗水縣丞一
支渡江中原亂離不克歸子孫遂為中吴人

曾祖夢齡仕吴越中吴節度判官宋贈太師
徐國公祖贊時仕吴越九歲童子出身終秘
書監宋贈太師唐國公父墉從錢俶歸宋任
武寧軍節度掌書記武寧軍即徐州封太師周國公
文正公即書記第三子也諱仲淹字希文端
拱二年己丑八月癸酉二日丁丑以辛丑時
生二歲而孤母夫人謝氏貧無依再適淄州
長山朱氏亦以朱為姓名說上長白山僧舍

《范文正公年谱》书影

副长官称少监；检校则是唐宋时期加给职官的一种虚衔。秘书监是秘书省的长官，在唐代，秘书省掌管朝廷的图籍艺文等事，副长官叫秘书少监，官阶为从四品上，秘书监为正四品，算是中级官员。

庆历三年（1043 年），范仲淹任参知政事，朝廷先后追赠范赞时为太子少傅、太傅；范纯仁任同知枢密院事，又追赠为太师、曹国公；哲宗元符三年（1100 年）追赠为唐国公。范仲淹祖母陈氏追封许国太夫人、韩国太夫人。陈氏生四子：坚、垌（tóng）、墉（yōng）、埙（xūn）。

范仲淹的父亲范墉是范赞时第三子，还未及出仕，便遇上了钱俶（chù）归宋事件。

钱俶是吴越国王钱镠之孙，五代后汉时承袭吴越国王之位，后周世宗柴荣即位，授天下兵马都元帅之职。赵匡胤禅代后周，建立宋朝，钱俶便纳款输诚，俯首称臣。建隆元年（960 年）赵匡胤甫即位，便授钱俶天下兵马大元帅之职，以示恩宠。开宝九年（976 年）二月，钱俶率妻孙氏、子惟濬及平江节度使孙承祐归宋，赵匡胤派皇子赵德昭到睢阳（今河南商丘）迎接。到开封后，被安置在早已建好的礼贤宅中，赵匡胤多次宴请钱俶及其子惟濬，赏赐颇为优厚。两个月之后，钱俶返回杭州。

太平兴国三年（978 年）三月，钱俶率群臣及家人归朝，宋太宗甚为重视，先派常住开封的钱惟濬至睢阳迎候，又命齐王赵廷美宴请钱俶于迎春苑，太宗更在长春殿为钱俶洗尘，并命早已归降的南汉国君刘鋹、南唐后主李煜作陪。范仲淹的父亲范墉也在这一年随钱俶归宋。

范仲淹出生的第二年（990 年），范墉病逝。范墉入宋 12 年，历任成德军（治今河北正定）、武信军（治今四川遂宁）、武宁军（治今江苏徐州）掌书记之职。掌书记在唐代是节度使的幕僚，其他如行军司马、参谋、判官等也是节度使的幕僚，在五代时期因掌书记负责书檄往来，遂与藩镇关系更近，虽然与行军司马、判官等属同一级别，但更受重视。不过掌书记仍是低级官员。范墉一生仕途蹭蹬，只当过掌书记这样的小官，范仲淹显贵后，朝廷先追赠范墉为太师，后又追赠其为苏国公、周国公。

其实，随钱俶归宋的范氏家族不止范墉一人，《范氏家谱世袭·跋》说，范隋“曾孙讳坚、埛、墉、埙、埴（zhí）、昌言六人，钱氏归朝，仕官四方”。《吴县范氏家乘》也说：“坚，仲淹之大伯父，官至宣德郎襄州观察使；埛，仲淹二伯父，官任建州龙焙监；埙，仲淹之叔父，任渭州推官；埴，仲淹同曾伯父，官同州朝邑县主簿；昌言，仲淹同高祖叔父，任宁国节度使推官。”范墉兄弟四人加上堂兄弟范埴、范昌言，六人均在宋朝做官，虽然官阶不高，俸禄无多，说不上锦衣玉食，但也绝无衣食之忧，公余之暇教子弟读书当在情理之中。世代簪缨，书香门第，范仲淹出生在这样的家庭中，流风余韵，为他后来成为一代政治家、思想家奠定了良好的基础。

二、寄人篱下的日子

天有不测风云，人有旦夕祸福。宋太宗淳化元年（990年），范墉突然撒手尘寰，卒于武宁军节度掌书记任上，那时范仲淹刚刚两岁，还在襁褓之中。范墉官职低微，本非素封之家，一旦弃世，孤儿寡母马上陷入了衣食不继的窘境。

范墉先后娶了两个妻子，前妻陈氏生有四子：仲温、镃，另外两子早年夭亡，没有名字。继娶谢氏，即范仲淹的生母。叶落归根，狐死首丘，范仲淹之母谢氏只得含泪扶柩把范墉安葬于苏州吴县。范墉自随钱俶归朝的10余年间先后在河北、四川、江苏徐州做官，从未回过家乡，和族人已经生疏；范墉归朝11年之后才生仲淹，可知谢氏是北方人，如是南方人，断无结缡10余年才生子之理。又，范墉官职低微，俸入微薄，似不可能同时有妻妾并存，谢氏当是原配陈氏死后的续弦。

范仲淹裔孙、清朝人范能濬写的《宋太师中书令兼尚书令魏国公文正公传》说："周国公（即范墉）卒时，时中舍（即范仲温）最长，方六岁。次镃，亦不过四五龄。考宋官制，掌书记秩列三班之末。周国从钱氏归朝，十余年间，自冀而蜀而徐，匍匐以就微禄。一旦捐馆（死亡），去乡千里，三稚幼弱，此太夫人所以贫而无依也。厥后中舍二兄归吴，而文正未离襁褓，遂随育于朱氏。"这段话印证了以上的分析：范墉在朝任职 10 余年，未回过家乡，他所任的掌书记是最低级的官员，俸禄甚少，但为养家糊口，也只得就职，因此说"匍匐以就微禄"。范墉去世时，长子范仲温 6 岁，次子范镃四五岁，三子范仲淹 2 岁。原配陈氏已辞世，三个未成年的孩子全由继室谢氏鞠育。

范墉去世，谢氏母子四人失去了生活来源，而徐州离苏州有千里之遥，因此说"去乡千里，三稚幼弱，此太夫人所以贫而无依也"。谢氏母子均是第一次回到苏州家乡，人地生疏，就算有范氏家族的扶持，但是他们都不富裕，要养活四口人，似乎力不从心。茕茕孑立，炊烟不举，就成了谢氏母子生活的真实写照。为了抚孤成立，无奈，谢氏只有别抱琵琶，另嫁他人了。好在当时妇女再嫁并不受人歧视，主张"饿死事小，失节事大"的程颢、程颐兄弟还未降生。谢氏为夫服丧期满后，经人说合，便嫁给了已经丧偶、时任平江府（治今江苏苏州）推官的淄州长山县（今山东邹平县）人朱文翰。推官是唐代节度使、观察使及州、府的属官，官阶不高，俸入微薄，骤然接纳谢氏母子四人，经济上未免捉襟见肘。同时朱文翰前妻生有两个儿子，如果再加上谢氏带来的三个儿子，朱文翰更是无力负担，谢氏只得把范仲温、范镃寄养在苏州，带着只有 4 岁的范仲淹改嫁给朱文翰。

范仲淹既然有了继父，自然要随改姓朱，朱文翰为他取名朱说（yuè）。说者悦也，寓意是范仲淹高高兴兴地来到朱家。朱文翰不愧是进士出身，为孩子起名也诙谐有趣，寓意深长。谢氏既嫁朱文翰，便结束了漂泊无定的生活，她与朱文翰琴瑟和谐，这给范仲淹带来了安定的生活环境。朱文翰对他也视如己出，与亲生子一视同仁，这种襟抱对范仲淹的成才产生了深远影响。

山东邹平县《长山朱氏族谱》在记载朱文翰的履历时说："端拱二年（989 年）进士，江南平江府推官，召试馆职，授秘阁校理。真宗即位，拜户部郎中，景德初出为淄州长史。"细数朱文翰所任的推官、秘阁校理、户部郎中、长史，均非显赫官职。推官是幕僚；秘阁校理是管理史馆、昭文馆、集贤院三馆珍本书籍及书画的机构，官阶是正八品；郎中虽然名义上是尚书省及所属各部的高级官员，但官阶只是从六品；长史是宋代州、府的属官，也称上佐官，没有实际职掌，有时以犯有过失的官员充任，是个聊胜于无的官职，品阶不高，俸禄自然低微。明白了这一点就不难理解，范仲淹在读书期间受了那么多苦，并非受了朱家的歧视与虐待，而是朱文翰囊中羞涩，拿不出那么多钱来供他读书，如此而已。

朱文翰从平江府推官任上到京城任职，无论是秘阁校理，或是户部郎中，但京城米珠薪桂，他带不起家眷，只能孑然一人，独居京城，而家中还有年迈的高堂需要侍奉，谢氏只能带着范仲淹来到长山与公婆一起度日，自然还得照拂朱文翰前妻所生之子。夫妻两人劳燕分飞，天各一方，直到朱文翰调任淄州长史，这才一家重新团聚。

宋朝人楼钥写的《范文正公年谱》是研究范仲淹生平的重要资料，但范仲淹 21 岁前的历史却未著一字，个中原因可能是未搜集到有关资料。楼钥生于南宋高宗绍兴七年（1137 年），距范仲淹逝世的皇祐四年（1052 年）只有 80 余年。他于孝宗隆兴年间考中进士，是个博学淹通之人，他为范仲淹作年谱留下的这一段空白，给了后人驰骋想象的空间，于是便有了范仲淹跟随继父在澧州安乡（今湖南安乡）和池州青阳（今安徽青阳）读书的传说。

首先提出范仲淹曾在澧州安乡读过书的人是南宋宁宗庆元年间的侍御史范处义和安乡县令刘愚。庆元元年（1195 年）九月，时任侍御史的范处义奉旨巡视地方，来到了安乡县，县令刘愚接待了他，领他四处查看，当来到一个人称读书台的旧址时，刘愚说这是范仲淹读书之处，范仲淹的继父朱文翰曾在此当县令，范仲淹母子相随至此，于是就有了读书台。因历经兵燹，又遭风雨剥蚀，读书台已经破败颓圮，不复有当年的模样了。

范处义姓范，又仰慕范仲淹的高风亮节，便指示刘愚修复读书台，一是为地方添彩增辉，二是激励莘莘学子发愤读书。刘愚于是与同僚捐俸醵资，鸠工庀材，择日动工，只用了一个冬季便全部告竣。刘愚找来范仲淹画像悬于堂中，又命澧州学教授王仁写了一篇《澧州重修范文正公书台记》，写作时间是庆元二年（1196 年）四月。文中说："相传长山朱氏宰斯邑，（仲淹）以之而来，邑人即其读书之堂而祠之，今二百年矣。"

又过了 30 年，一个叫董与几的人，在澧州做官，平日仰慕范仲淹品德高尚，在澧州近城又修建了一座范文正东溪书院，并请一个叫任友龙的饱学之士写了一篇《澧州范文正公读书堂记》。有了这两处建筑和两篇颂扬范仲淹的文字，范仲淹曾在澧州安乡读过书的说法便不胫而走，许多人当成了信史。

明朝穆宗隆庆年间的《岳州府志》说，范仲淹幼小时母亲改嫁给朱轪（yuè），朱轪来安乡当县令，范仲淹跟随而来，稍长，在鹳江之北筑室读书，现在叫读书台。清朝康熙年间的《安乡县志》照抄了这一段话。清朝同治年间的《直隶澧州志》说，范仲淹，字希文，江苏吴县人，两岁时父死成为孤儿，跟随母亲改嫁长山朱轪。朱轪来安乡当官，范仲淹跟着到任上，在鹳江读书，今存有文正书台。民国时期的《安乡县志》说，朱轪是淄州长白山人，宋太宗端拱年间任安乡县令，官至朝散大夫。

这些记载陈陈相因，以讹传讹，使得后世的史学家也信以为真，为范仲淹作传时写进了书中。

范仲淹是否去过安乡，以上的记载有许多疑问：一是长山朱氏族谱未记载朱文翰当过安乡县令，如有这一段履历，绝不会略而不书；二是《澧州重修范文正公书台记》中说“相传长山朱氏宰斯邑”，用了“相传”二字，说明范仲淹在这里读书是得自传闻，并无确凿证据；三是说范仲淹的继父是朱轵，如果真的如此，他绝不会给收养的儿子起名朱说，轵、说都读 yuè，父子同名，岂不成为笑柄？即使目不识丁之人也不会如此取名，何况朱轵是读书人出身；四是各种记载都说朱轵在宋太宗端拱年间任安乡县令，端拱只有两年，即 988 年、989 年，范仲淹出生于端拱二年，当时还在徐州范墉官邸，谢氏也未改嫁，范仲淹怎么可能来到安乡读书？由于这些记载互相抵牾，难圆其说，有人在清朝同治年间的《直隶澧州志校注》中说：“观此记，文正未尝读书于澧，墨池绣水，不必果其遗踪；即安乡读书台，亦后人建祠之处，非当年植蕉伏案地也。”这个看法还是很有见地的。

说范仲淹曾在安徽池州青阳县读过书的是南宋人丁黼于理宗绍定二年（1229 年）写的《池州范文正公祠堂记》，文中说范仲淹少年时代是在长山朱氏家长大的；宋朝史书及欧阳修撰写的神道碑都说，范仲淹两岁就成了孤儿，其母谢氏贫困而无所依，改嫁长山朱氏。但是人们不知长山为何地，朱氏是什么样的人。天台县（今属浙江）人丁植来青阳当县令，公余之暇，探索先贤遗事，想起了范仲淹，心中无限敬慕，便产生了为他建祠堂的念头。长山距县城 15 里，那里有朱氏的许多族人，于是丁植去朱家访问，见到了朱家续修的家谱、范仲淹的遗墨以及他和母亲谢氏的画像，又访问了好古博学之士，弄清了范仲淹的生平履历，然后派故旧之交程君爚找到丁黼说，丁县令将要为范仲淹建祠堂，必须有一篇记述文字，请你玉成其事。丁黼说自己才疏学浅，不敢承担这一重任，程君煵恳请再三，丁黼无法推辞，只得应命。

文中又讲道，朱氏人说族人有在应天府（治今河南商丘南）者，因此范仲淹在弱冠之年绝江逾淮，求学于应天府，时间是景德末年大中祥符初年。文中还说，范仲淹从朱姓几近 40 年，考中进士时用的名字是朱说，范仲淹的名字是后来改的。就是这一段记载也是舛误百出。

首先，丁黼说“人漫不知长山为何地”，显然是遁词。按照惯例，史书上记载传主的籍贯只写到县，绝无写到村子之理。欧阳修、富弼、曾巩、范成大等人说范仲淹之母谢氏改嫁长山朱氏，分明指的是长山县，而非池州青阳县的长山乡。南朝宋设武强县，治所即今山东邹平县东长山，隋开皇年间改为长山县，宋代属京东东路淄州（治今山东淄博淄川区），一向并无异议，只要说到长山，便是指的淄州长山县。因此，欧阳修、富弼等只说范仲淹之母谢氏改嫁长山朱文翰，就表明朱文翰是淄州长山县人。池州青阳县境内也有个长山，但不是县的建置，丁黼明明知道这一惯例，还故意说“人漫不知长山为何地”，于是移花接木，把淄州长山县偷换成了池州青阳县的长山乡或长山村。

其次，丁黼说朱氏族人有在应天府者，范仲淹 20 岁那年，从青阳县长山来到应天府求学，与史实大相径庭。史料表明，范仲淹的童年是在山东邹平度过的，22 岁时读书于长白山醴泉寺，23 岁时去南都应天府读书，并非从池州青阳长山去应天府，而此时也没有朱氏族人居应天府者。范仲淹居官后在河南宁陵县有职田，委托他的异父同母兄弟管理；河南虞城县利民镇因建有范仲淹祠堂，明代才有范氏族人迁入，那都是后来的事。

再次，文中说范仲淹从朱姓几近 40 年，也不准确。范仲淹 29 岁时任集庆军（治今安徽亳州）节度推官时恢复范姓，何来从朱姓几近 40 年之说？丁黼硬要把范仲淹拉入池州青阳县，无非是想傍名人的思想在作怪而已。范仲淹名满天下，不少人都想把他拉为乡贤，不惜把山东的长山县说成是安徽池州青阳县的长山乡或长山村，真是用心良苦了。范仲淹多次著文称“予幼居淄州郡”“窃念臣齐鲁诸生”“某少长北地，近还平江”“窃念某生于唐虞，学于邹鲁”，这些记载都说明范仲淹幼年和青年时期是在长山县度过的。

三、脱却蓝衫换紫袍

读天下书，穷天下事，是范仲淹的夙愿。他的青年时代是在宋真宗当政时度过的。真宗是太宗赵炅之子，宋朝第三位皇帝。他在位前期勤于政事，轻徭薄赋。景德元年（1004年）在宰相寇准的辅佐下，北上抵御辽军的入侵，双方签订了“澶渊之盟”，宋辽之间化干戈为玉帛，铸刀剑为犁锄；两年后宋又与西夏议和，北方和西北暂时兵革不兴，边陲安定，百姓辛勤耕耘，家给人足，是难得的太平时期。宋人邵伯温在《邵氏闻见录》一书中说，洛中地区的百姓用车装载着美酒、食物和乐器，游走于大街小巷，饮酒作乐，称之为“棚车鼓笛”。幼小的范仲淹就是在这时跟随继父来到淄州长山县，开始了新的生活。

范仲淹11岁时，淄州发生了一件大事，给他留下了难忘的记忆。

真宗咸平二年（999年）冬天，辽以倾国之兵入寇高阳关（今河北高阳东），纵兵大掠，如入无人之境，直抵黄河北岸。其时天气冱寒，黄河结冰，辽军轻而易举地渡过黄河，来到了淄州。当时黄河以南州郡均未修筑城墙，也无士兵守城，四郊百姓辗转沟壑，争相逃命，城中人心惶骇，一夕数惊。淄州兵马监押张蕴与刺史商议守城事宜，刺史及其属下都是淄州人，皆言城不可守，应逃往南山，免得成为契丹人砧板上的鱼肉。张蕴见刺史畏敌如虎，便手握宝剑，作色而起，厉声说：“不发一矢御敌，便把城池、府库拱手送给敌人，是何道理？淄州城一旦崩溃，便后患无穷，人心就不可收拾，敌兵未至，这里便残破荒凉了，事关重大，须从长计议。刺史如果真要逃走，我定斩不饶！”他这一席话说得斩钉截铁，掷地有声，众人面面相觑，再也不敢说逃跑了。张蕴于是招集四方丁壮登城，昼夜守卫。辽兵见城中有备，便撤围而退，淄州百姓免了刀兵之苦，互相庆贺说，若非张公英识独断，我辈父母妻子恐怕早就成为辽人刀下之鬼了。但是后来朝廷论功行赏时，却没有张蕴的份，淄州人都愤愤不平。

范仲淹与张蕴之子张揆、张掞（shàn）是总角之交，又与张揆同岁，他们之间往来频繁，情好弥笃。庆历二年（1042 年）春，54 岁的范仲淹知庆州（治今甘肃庆阳），任环庆路经略安抚招讨使，率领军队戍边，路过马岭镇（今甘肃庆阳西北马岭镇），见有一座夫子庙，下马观看碑刻，才知道是张蕴当年戍边时所建。前尘往事又浮上心头，想起了咸平二年张蕴守卫淄州的故事，于是写了一篇《书环州马岭镇夫子庙碑阴》的碑文，颂扬张蕴的功绩。范仲淹成为忧国忧民的政治家，与张蕴高尚品格的感染和熏陶大有关系。

还是在孩提时期，范仲淹已显得稳重睿智，他的继父和母亲谢氏商量，想让他学习商贾技艺，其实是测试他的志趣。范仲淹表示对经商没有兴趣，想的只是读书。父亲拗不过他，便送他去长山县学读书。而继父、母亲还有几个幼小的弟弟则居住在秋口，那里是淄州府治所在地。秋口距长山有百里之遥，范仲淹为探视父母，经常徒步往返于两地之间。

有一次范仲淹和几位同学外出游玩，途经一座寺庙，见那里香烟缭绕，出入寺庙的人络绎不绝，询问之下，有人说庙里的神灵验无比，能测出人的吉凶休咎，附近的善男信女莫不到此求神问卜，询问前程休咎。范仲淹不禁怦然心动，也想预测一下前程。他抽了一支签，默默祷告将来能成为宰相，但是签上显示，不能当宰相。他又祷告说，不能当良相，当良医也可以，签上仍显示不许。范仲淹叹息说：“大丈夫立于天地间，却不能造福百姓，可悲啊！”

后来有人问他说，大丈夫立志当宰相，理所当然，人人都应有此鸿鹄之志，但是你怎么还想当个良医呢？这个志向未免太渺小了吧！范仲淹回答说：你这一番话大谬不然，我不敢苟同。古人说常存善心救人，便没有被抛弃的人；常存爱惜物品之心，便没有废弃的东西。大丈夫饱读诗书，是想遇到神圣明君，好施展自己的才学和抱负，使天下千千万万的老百姓都能得到实惠，自己也厕身其中，当然是只有宰相才能做到这一点。既然不能当宰相，能济世利民的就只有良医了。如果真能成为一个良医，上可以为君王治疾病，下可以为贫苦百姓解除痛苦，中可以使自己健康长寿。处在下位能给老百姓带来好处的，除了良医，其他的人办不到这一点啊！这个故事出自南宋人吴曾《能改斋漫录》一书中，未必真有其事，但由此可见范仲淹年轻时就有济世拯民的抱负。

真宗大中祥符元年（1008 年），正值弱冠之年的范仲淹漫游到了关中。所谓关中，是指函谷关以西之地，秦都咸阳，汉、唐都城长安，都在关中境内。

范仲淹来到关中，当然是想领略一下汉唐时期的关中风土人情，开阔一下自己的眼界。在长安他拜会了一位后来被他称为吏隐的王衮。王衮的先世是澶渊（今河南濮阳西）人，他为人慷慨，有英豪之气，擅长诗词，曾任彭州（治今四川彭州）通判。彭州太守擅权纳贿，不守官箴，王衮出于义愤，便公开辱骂他。那位太守是王衮的上司，受了辱骂，自然要报复，于是便撤了王衮的官。王衮丢了官职并不颓唐，举家入居长安，与豪士交游，常常一起饮酒高歌，大有“竹林七贤”中嵇康、阮籍的风度。

后来，王衮又监终南上清太平宫。范仲淹游历至此，便慕名前去拜访，与王衮相谈甚欢，并和王衮的儿子王镐成为挚友。在那里他又结交了两位道士，一位是汝南（今属河南）人周德宝，另一位是临海（今属浙江）人屈元应。周德宝精于篆字，屈元应则对《易经》有深入研究，两人都善于弹琴。范仲淹和这几个人一起出游，王镐家有别墅在户县（今属陕西）山中，那里是陕西的名胜之地，王镐头戴小帽子，身穿白麻织成的衣服，骑一头白色小毛驴，往来于户、杜（今陕西西安东南）之间。他们啸傲烟霞，纵情饮酒，引吭高歌，但都不慕荣利，淡泊功名。

有一天，范仲淹与王镐在王家的别墅相会。别墅在一座山下，那座山挺拔秀整、修木森列，山顶白云叆叇、紫翠万叠、横绝天际。山高月小，万籁俱寂，忽有笛声自西南依山而起，上拂云霄，下满林壑，天地人物仿佛都在冰壶之中。王镐对范仲淹说，吹笛的是一个老书生，既老且贫，每当清风明月之夜，便在这里操长笛而演几支曲子，屈指算来，已有 40 年了，这就是隐君子的乐趣啊！王镐自幼聪颖，能诗善文，蜚声关中，长安人称他为小秀才，可惜享寿不永，天圣五年（1027 年）便撒手尘寰。37 年后，范仲淹特地写了《户郊友人王君墓表》一文，表达了对王镐的悼念之情。

从关中回来，范仲淹便到长白山醴泉寺读书，这年他 22 岁。醴泉寺在长山县西南 30 里的黉（hóng）堂岭下。相传唐中宗时寺中僧人仁万到京城长安大荐福寺校勘经律，得到了一函大藏经，带回寺里宣讲，适逢寺东山上有甘美的泉水流淌，天子便赐此寺名为醴泉寺。醴泉者，甘美泉水之谓也。其时范仲淹的继父朱文翰已致仕归家，俸入微薄，孩子又多，生活未免拮据，拿不出多少钱来供范仲淹读书，范仲淹常常食不果腹，不得不省吃俭用，数米而炊。他通常是每天只煮一碗粥，等放凉后划分为四块，再在上面撒点盐和葱、姜等作料，作为一天的食物，这就是广为流传的“划粥断齑”的故事。人也不堪其忧，范仲淹则不改其乐。若干年后范仲淹改回原名，他以调侃的口吻写过一篇《齑赋》，其中云：“陶家瓮内，腌成碧绿青黄；措大口中，嚼出宫商角徵。”“陶家瓮”是指腌制咸菜的缸，“措大”则指穷困的读书人。陶缸中腌制出了各种不同颜色的咸菜，穷书生口中嚼出了如宫、商、角、徵般动听的声音，旷达乐观之情溢于言表！

范仲淹在醴泉寺读书时，勤奋刻苦，一灯如豆，每每至夜阑更深时分。一天晚上，他看见一只白鼠钻入墙角穴中，不免好奇，便起身探视，那只白鼠不见了踪影。他把手伸入穴中，触摸到一件硬的东西，取出来一看，竟是一瓮白银。范仲淹寻思，这一瓮白银不知是谁家遗失，又如何被白鼠衔来？自己虽然穷困潦倒，也不能要此不义之财，无主之银又无法送还，思索片刻，他把银子又放回了原处，在上面覆上泥土碎砖，以免被人发觉。这件事他从未对人提及。后来范仲淹显贵，成了朝廷衮衮大员，而醴泉寺已破败不堪，想要修葺又无力醵资。住持忽然想到范仲淹年青时曾在此读书，如今已是朝廷命官，何不向他求援，于是派人去见范仲淹。范仲淹听来人讲明原因，莞尔一笑说，我这里有书信一封，你回去找住持复命吧。那住持等候复信，不啻大旱之望云霓，及至展开书信，见信中并没有说襄助银两的话，未免大失所望，范仲淹只说在某处可得银钱。僧人按照范仲淹的提示，果然在范仲淹曾经读过书的那所房屋墙角下挖出了一瓮白银，解决了醴泉寺的修缮费用。千百年后范仲淹这一美德还被人们传颂，成为一段佳话。

还有一次，范仲淹与同窗好友一起去拜会因丁忧回乡的谏议大夫姜遵。姜遵是长山人，博学洽闻，读书甚多，是当地德高望重之人。但他平时以刚毅著称，很少与人交往。这次范仲淹与同窗前来，其他同学略为寒暄几句，便无话可说了，只有范仲淹纵横捭阖，议论风生，令姜遵刮目相看。待其他同学告退后，姜遵单独把范仲淹留了下来，把他引入中堂，对妻子说，此儿年龄虽小，却是个不同凡响之人，他日不但会成为朝廷的显贵，也一定会享有盛名。于是和妻子设宴款待，围炉絮语，如同家人一样。后来姜遵的话果然应验，范仲淹成了天地间第一流人物，享誉千秋。人们都很佩服姜遵慧眼识珠。

醴泉寺是山东省的名刹，不仅因为此刹是皇帝赐名，更因为范仲淹青年时期曾在此读书而名扬天下，至今还有许多关于范仲淹的遗迹。

醴泉寺

民国三年（1914年）的《邹平县志》中就记载有范仲淹读书的醴泉寺、祭祀范仲淹的乡贤祠、元朝大德年间修建于长山县城西33里的范文正公祠和明朝正德年间在醴泉寺南修建的范文正祠，迨到清朝同治年间，又移于寺东，有黉堂岭“读书洞”、范公祠、范公书院、范公泉、乡贤祠等。有意思的是，历史上邹平县与长山县是互不统辖的两个县，两县都建有范公祠，中华人民共和国成立后，长山县并入邹平县，于是邹平县就拥有了两个范公祠。邹平县的范公祠有一副脍炙人口的长联，准确生动地概括了范仲淹辉煌的一生：“宰相出山中，划粥埋金，二十年长白栖身，看齐右乡贤，依然是苏州谱系；秀才任天下，先忧后乐，三百载翰卿著绩，问济南名士，有谁继江左风流。”这副长联写得恰到好处。

范仲淹在醴泉寺读书时，已有“读天下书，穷天下事，以为天下之用”的抱负，但是醴泉寺僻在一隅，见闻不广，消息闭塞，教书先生虽然兢兢业业，但才疏学浅，给不了范仲淹更多的知识，范仲淹便有了到更高一级学校读书的念头。一个偶发事件促成了范仲淹去南京应天府读书的决心。原来他们家并非富有之家，范仲淹在醴泉寺求学时一向节俭，一粥一饭都要仔细盘算，回到家里却见几个兄弟花钱大手大脚，范仲淹实在看不惯，便去劝说。朱家兄弟先是沉默不语，说得多了，朱氏兄弟便反唇相讥，说：我们花的是朱家的钱，与你何干？也来絮絮叨叨饶舌？范仲淹听后大吃一惊，再三追问，别人才告诉他，自己并非朱家血脉，乃是姑苏范氏之子，只因他与朱家兄弟情义甚笃，从未有人告知过他的身世，直到这时才知道事情的真相。男儿有泪不轻弹，只因未到伤心处。范仲淹受了这一场刺激，立志发愤自强，自立门户，于是收拾行装，佩带琴剑，径往南都读书。谢氏得知儿子要去南都读书，依依不舍，忙派人追赶，希望他能回心转意，仍回醴泉寺读书。那人追上了范仲淹，范仲淹说，请你转告家慈，相期10年之后，等我金榜题名，再来迎接母亲。

商丘在隋代称宋州，治所在睢阳县，因赵匡胤在后周末年曾任州节度使，真宗景德三年（1006年）升为应天府，真宗大中祥符七年（1014年）建为南京。应天府书院是北宋四大书院之一，也称睢阳书院。这里办学甚早，后晋时宋州虞城人杨悫在此聚徒讲学，宋州楚丘（今山东曹县东南）人戚同文仰慕杨悫博学，从他受业，不到一年，便毕通“五经”。时值五代后晋时，战乱不止，他绝意仕进，盼望天下统一，遂取名“同文”。杨悫死后，戚同文继承了老师衣钵，依靠将军赵直，继续筑室授徒，门人登第者五六十人。戚同文死后30余年，又有应天府民曹诚，在戚同文所居之处，醵资建造学舍150余间，聚书1000余卷，广收生徒，破败的书院重铸辉煌，莘莘士子负笈前来求学者络绎不绝，真宗皇帝甚为嘉许，赐额曰“应天府书院”，命戚同文之孙戚舜宾主持书院。这个书院与岳麓书院、嵩阳书院、白鹿洞书院合称宋代四大书院。

范仲淹在应天府书院度过了5年时光，这里有满腹经纶的名师可以随时请教，有丰富的图书可供阅览，还有志同道合的学友切磋学问，范仲淹顿有如鱼得水的感觉。“万卷古今消永昼，一窗昏晓送流年。”范仲淹孜孜矻矻，发愤苦读。入学的第二年，应天府推荐他参加省试，因学业未精，名落孙山，铩羽而归，他仍回书院读书。范仲淹愈挫愈奋，毫不消沉颓唐，他有一首《睢阳学舍书怀》诗，其中云：

瓢思颜子心还乐，琴遇钟君恨即销。

但使斯文天未丧，涧松何必怨山苗？

第一句是称赞颜回的，典出《论语·雍也》。颜回穷困潦倒，居住在陋巷，用简陋的竹箪盛饭，用瓢来饮水。别人遇到这种情况会愁眉不展，而颜回却不改其乐观的性格，孔子称赞他说："贤哉，回也！一箪食，一瓢饮，在陋巷，人不堪其忧，回也不改其乐。"范仲淹就以颜回为榜样，甘守清贫，以苦为乐。

第二句是说春秋时钟子期与俞伯牙是倾盖之交，俞伯牙弹琴最得钟子期的赏识，钟子期死后，俞伯牙说世无知音者，便绝弦破琴，终生不再弹琴。范仲淹也想像俞伯牙那样受到知音的赏识。

第三句是说孔子的故事。《论语·子罕》记载，孔子被围困于匡地（今河南睢县西），面临危难，他处之泰然，毫不惊慌，对弟子说："天之未丧斯文也，匡人其如予何？"意思是说，天若不是要消灭这一文化，那匡人又能把我怎样呢？范仲淹借用孔子的话，表示对自己的前途充满信心。

第四句是引用晋人左思《咏史八首》中的第二首："郁郁涧底松，离离山上苗。以彼径寸茎，荫此百尺条。"诗中以涧底的松树比喻有才能而居卑位的寒士，以山上的小树比喻无才而有权势的世族。范仲淹相信自己最终会像"郁郁涧底松"那样，立地参天，伸展出"百尺条"，实现济世安邦的壮志。

三更灯火五更鸡，正是男儿读书时。范仲淹读书更加勤奋，手不释卷，夜以继日，实在困乏了，就用冷水洗洗脸再去读书。然而，范仲淹的生活也更穷困了，常常是吃不上一顿可口的饭菜，只能靠喝稀粥度日。南都留守的儿子也在书院读书，见范仲淹如此清贫，不禁起了恻隐之心，回家告诉了他的父亲，留守便命人给范仲淹带去了食物。过了几天，食物都放坏了，范仲淹仍未下一箸。留守的儿子不高兴地说，家父闻知你清贫，才差人送来食物，但你却未吃一口，莫非是怕玷污了你的清白？范仲淹躬身相谢，说：令尊盛情可感，我岂敢怪罪！我吃粥已久，安之若素，如果今日享受盛馔，将来还能吃粥吗？留守的儿子见他说得有理，就不再勉强他了。

范仲淹虽然贫困，但安贫乐道，不贪意外之财。在南京读书时，与一个姓朱的人相处甚欢。不久，朱某得病，辗转床褥，百医束手，日益严重。范仲淹多次前往探视，好言抚慰，朱某甚为感激。弥留之际，他对范仲淹说，我曾遇到过一位不同寻常之人，教会我炼水银为白金的秘方，屡试不爽。可叹我身染沉疴，无人可妙手回春，命在须臾。炼水银为白金的方术不能失传，我的儿子年幼无知，无法传授给他，如今就传授给你吧。说着拿出秘方和已经炼成的一斤白金递给范仲淹。范仲淹当即推辞，不肯接受。就在互相推让之际，朱某气绝身亡，范仲淹只得把秘方和白金妥为保管，但并未启封。过了10余年，朱某的儿子朱寀（cài）已长大成人，范仲淹教他读书，呵护有加。后来朱寀科举登第，范仲淹把他叫来，对他说：我和你的父亲是至交，他有炼水银为白金的法术，他去世时你年纪还小，就把秘方和炼成的白金托付我保管，如今你已是成年人，这些东西当完璧归赵。于是把秘方和白金都交给了朱寀，而“封识宛然”，当初密封的标志还完好无损。

“澶渊之盟”后，兵革不兴，天下太平，宋真宗开始了他的巡游祭祀活动。先到亳州朝谒太清宫，又到应天府朝拜圣祖殿，一路上浩浩荡荡，扈从如云，声势浩大，好不热闹！真宗一行抵达应天府时，万人空巷，人头攒动，争睹天子的风采。应天府书院的学子也赶来凑趣，唯独范仲淹兀自不动，端坐读书。范仲淹的同窗好友问他，这是一睹龙颜的绝好机会，你为何不去？范仲淹莞尔一笑说，今日不见，异日见也不晚呀！

艰难困苦，玉汝于成。范仲淹在应天府书院学习5年，诚如欧阳修所说："大通六经之旨，为文章论说必本于仁义。"

所谓"六经"，是指《诗》《书》《礼》《乐》《易》《春秋》，是莘莘士子必读之书。范仲淹对"六经"已烂熟于胸，发议论、写文章均能从"六经"中归纳出仁、义二字。大中祥符八年（1015年）是范仲淹终身铭记的日子。这年二月，他进士及第，与滕宗谅同榜，状元是蔡齐，时年27岁。莘莘士子青灯黄卷，苦读寒窗，为的是博取功名。学成文武艺，货与帝王家，展经纶，施抱负，实现治国理民的夙愿，范仲淹如愿了。一举成名天下知，脱却蓝衫换紫袍。范仲淹进士及第，便有了做官的资格，古代称为"释褐"，即脱去平民服装，换上官服。范仲淹春风得意，心花怒放，诗情坌涌，吟诗一首，抒发感慨：

长白一寒儒，名登二纪余。

百花春满路，三月雨随车。

鼓吹迎前道，烟霞指旧庐。

乡人莫相羡，教子读诗书。

长白山的一个寒门儒士，在拼搏了二纪（一纪为12年）又三年之后，终于荣登金榜。春光明媚，百花吐艳，阳春三月，普降甘霖，鼓乐齐鸣，笙簧竞奏，居住的破旧房屋也笼罩着氤氲之气。乡间之人莫要羡慕，想要达到这一境界，就要教育孩子好好读书。范仲淹陶醉在美好的憧憬中。

一、初入仕途，亢直敢言

范仲淹中进士不久，便被委派到广德军（治今安徽广德）任司理参军。

司理参军简称司理，原名司寇参军，宋太宗太平兴国年间改名为司理参军，职责是掌管狱讼，审讯刑事案件。宋代县以上设府、州、军、监，军的地位大致与州相当。广德军位于今安徽东部，辖区相当于今宣城市的广德、郎溪，是个落后的山区。那里山高林密，人烟稀少，民风强悍，动辄械斗，诉讼之事几乎无日不有，管理讼狱是很棘手的事。范仲淹初入仕途，秉公执法，亢直敢言。广德军太守昏聩糊涂，断案时往往是非颠倒，黑白不辨，范仲淹几乎是天天抱着卷宗与太守辩论，剖析案情，据理力争，明辨是非。太守不胜其烦，每当范仲淹来辩论案情时，太守都疾言厉色，盛气而待。范仲淹从不退缩，侃侃而谈，直到太守理屈词穷方才罢休。回到住处，范仲淹把每次与太守辩论的经过与两人之间的对话，一一记录在屏风上，等他去职的时候，屏风上字都写满了。范仲淹刚刚出仕，官微俸薄，囊中羞涩，他的全部财产只是一匹马，离职时只得忍痛卖掉，充作路费。

广德不但荒凉偏僻，而且文化落后，百姓多是贫寠之家，温饱尚成问题，遑论读书，因此到处都是目不识丁之人。范仲淹见此状况甚为着急，他找来了当地三位名士充作师资，又苦口婆心挨门劝说农家子弟入学读书，从此，在这不知诗书为何物的山区有了弦歌之声，学子中名登金榜、进士及第者相继不绝。范仲淹既公平折狱，又兴学育人，受到了广德人的崇敬，广德建起了以范仲淹命名的狱官亭。

范仲淹魂归道山 20 年后，高邮人孙觉任广德军太守，他写了一首赞颂诗，刻在狱官亭中。又过了 6 年，丹阳（今属江苏）人洪兴祖任广德太守，读了孙觉的诗，认为他写得恰到好处。洪兴祖又找来范仲淹的遗像，请人绘画后，悬挂在学宫中，让人顶礼膜拜，俎豆祭祀。

范仲淹在广德军还办了一件事，就是把母亲谢氏接到了任上来。哀哀父母，生我劬劳。范仲淹自从去醴泉寺读书，与母亲聚少离多，即使在黄卷青灯苦读的日子里，他脑海也时刻萦绕着母亲那忙碌的身影。如今自己走入仕途，母亲也到了垂暮之年，该是颐养天年的时候了。他想起了去南都求学时捎给母亲的话——10 年之后迎接老母团聚，如今只过了 5 年，便实现了这一夙愿，心里好不惬意！母子相依为命，虽然生活困苦，却也其乐融融。

到了晚年，范仲淹还告诫诸子说："吾贫时，与汝母养吾亲，汝母躬执爨，而吾亲甘旨未尝充也。"他回忆自己穷困时，与妻子一起侍奉老娘，妻子亲自下厨执炊，饭菜仍不能尽如人意。他又说："老夫平生屡经风波，唯能忍穷，故得免祸。"范仲淹一生坎坎坷坷，但他能够忍受住穷困的煎熬，因此屡遭灾难总能化险为夷。孔子说："君子固穷，小人穷斯滥矣。"意思是说，君子虽然穷，还是坚持着，小人一穷便无所不为了。范仲淹一生都把孔子这句话奉为圭臬，身体力行，从未打过折扣。

二、在亳州节度推官任上

天禧元年(1017年),29岁的范仲淹擢任文林郎、权集庆军节度推官。文林郎是从九品文散官，是官阶最低的官员；节度推官简称节推，是幕僚之职，掌管刑事判牍，辅助集庆军长官工作。集庆军是个比较繁荣的集镇，范仲淹政事之暇，一是读书，二是侍奉母亲。母亲这时提出了让范仲淹归宗复姓的要求。慈母之命自当遵照不误，他在给天子上请求恢复范姓的表文中说：“名非霸越，乘舟偶效于陶朱；志在投秦，入境遂称于张禄。”隐射自己曾因母亲谢氏再醮而改姓朱之事。

春秋时期楚国宛（今河南南阳）人范蠡辅佐越王勾践灭亡吴国，立有大功，但他认为与勾践可以共患难，不可共安乐，于是离越去齐，改名为鸱夷子皮，治产业价值千万，受任为齐国相。后又弃官散财，隐居于陶（今山东定陶），改名“陶朱公”。战国时魏人范雎，跟随魏国大夫须贾出使齐国，有通齐之嫌，魏国宰相命人笞责他，范雎佯死得免，后随秦国使者入秦，改名张禄。他游说秦昭王采取远交近攻、加强王权之策，秦昭王大喜，以范雎为相，封于应，称应侯。这二人都是范姓改换他姓的事例，范仲淹引典用事颇为贴切。

不过恢复范姓还有一点波折。范仲淹有个同父异母的兄长仍在苏州，家中也还有产业，虽然说不上豪富，但可称得上小康。兄长担心范仲淹认祖归宗，必定要分范家的产业，因此不肯应允。范仲淹看透了兄长的心思，一再保证说，我只想恢复本来姓氏，绝无觊觎财产的念头，请兄长放心。兄长看出范仲淹此话出自至诚，绝非虚妄之语，便答应了他的请求。

和范仲淹稍有龃龉而后又和好如初的兄长是范仲温。范仲温是范墉前妻陈氏所生之子，范仲淹之母谢氏是继室，二人同父异母。范仲温生于京城开封，幼年母亲去世后迁回苏州吴县。仁宗景祐年间任职越州新昌县（今属浙江），管理治安。范仲温在任 3 年，盗不入境。调任杭州余杭县（今浙江杭州余杭区）市征，管理征收商税，由于他公正无私，商旅称便。后任台州黄岩县（今浙江台州黄岩区）知县。

庆历年间海水涨潮，淹没了州城，百姓四散逃亡，溺水者甚多，范仲温组织民众编制竹筏，昼夜救人，全活数千人。上司知他有才，让他负责修葺府城。众人商议筑土为城，再用砖包裹，范仲温认为筑城既需大量人工，潮水又不断冲刷，砖又何能持久？于是集合民众垒土，垒到一定高度，驱赶几百头黄牛践踏，土层坚固后再垒土，如此循环往复，一直到城池建成为止。城墙外再砌上互相衔接的长石，这样一来，城池便固若金汤，再大的潮水也冲不垮了。城中八处城门皆设铁闸，可以抵御暴涨之水，台州从此得以安定，众人皆鼓掌称善。

不久台州又遭遇饥馑，州官下令邑中富人低价卖谷，以济穷苦之人，但那些家徒四壁的穷人，仍然买不起粮，范仲温建议说，让富人低价卖出 10 斗米，不如让他捐献 3 斗米，这样，富人易于办到，穷人也获得了救济。州官听从了他的建议，许多穷人得以活命。此类事例甚多。范仲温黄岩知县任满还乡，对乡亲说，无官一身轻，何苦再做官，遂请求告老致仕，朝廷甚为嘉许，迁升他为太子中舍，致仕还乡。

太子中舍是太子的属官，因为太子在中央的地位仅次于皇帝，所以历代都专为太子设置若干辅佐、侍奉性质的官职，大多是虚名，并未真正去辅佐太子，范仲温也是这样有名无实的官。范仲温致仕 4 年，宾客盈门，他以田地收入买酒肉招待客人，家中虽不富有却乐在其中，乡村邻里有急难者，范仲温解衣推食，慷慨相助，因此侠义之名誉满乡里。皇祐二年（1050 年），范仲温撒手尘寰，享年 66 岁。范仲淹与兄长手足情笃，范仲温病逝后，范仲淹为他写墓志铭，其中说“先公五子，其三早亡。惟兄与我，为家栋梁。兄又逝焉，我独徨徨”，表现出了无限哀伤。

至于范仲淹之名，不少人认为范仲淹是因为钦佩江淹的为人，想步其后尘，故取名为淹。江淹字文通，范仲淹字希文，范仲淹的字即取“文通”的“文”字，希文则是希冀自己成为江文通那样的人物。乍看起来，似乎说得情通理顺，但仔细咀嚼，却有望文生义、牵强附会之嫌。

首先，范仲淹并未说过自己的名字是因钦佩江淹而取的，《范仲淹全集》中没有一字提及此事。其次，从江淹一生经历看，他出身孤寒，家贫好学，与范仲淹的经历颇为相似。江淹是济阳考城（今河南民权东北）人，历仕南朝宋、齐、梁三朝，早年以文章优异著称，尤其在南齐任御史中丞、秘书监、侍中时，弹劾不避权贵，为时人所推崇，范仲淹也大为折服。但是江淹晚年思维迟钝，才能枯竭，写不出好文章来，人称“江郎才尽”。范仲淹钦慕他的为人，但不会效颦他的“江郎才尽”。说范仲淹之名来源于江淹，只是推测，羌无故实。范仲淹同父异母之兄名叫范仲温，他的名字也必然是仲字辈，“温”字的部首是三点水，范仲淹起名时也须找部首是三点水的字，而“淹”字有淹通、淹贯、淹雅、淹穆、淹识等词组，皆指学问渊博、贯通今古，于是就有了“仲淹”这个名字。他立志要做一个博学洽闻、满腹经纶之人，与江淹无关。

范仲淹虽然认姓归宗，但并未忘记朱家20余年的养育之恩，显贵以后奏请朝廷封赠继父朱文翰为太常博士，朱氏子弟以恩荫得补官者3人，又置买义田36亩以赡养朱氏族人。范仲淹与朱家兄弟书信往来频繁，从未间断。他给朱氏兄弟的信中称“秀才三哥”“三郎秀才”，同时问及“五娘子”“十四郎”“五学究”“八员外”“六婶”“七哥”，殷殷之情，溢于言表。他叮嘱秀才三哥“居官临满，直须小心廉洁，稍有玷污，则晚年饥寒可忧也”；又告诫朱氏子侄辈“且温习文字，清心洁行，以自树立。平生之称，当见大节，不必窃论曲直，取小名招大悔矣”，

“惟勤学奉公，勿忧前路”。

若干年之后，他的次子范纯仁巡按山东时，又置祭田 1 顷 30 亩给朱氏，滴水之恩，涌泉相报，范仲淹做到了。如今保存在《范文正公尺牍》（收入《范仲淹全集》）中与朱氏的书信就有 15 封之多。范仲淹后人与长山朱氏子孙长期往来，历代不绝。长山范文正公祠，从宋至清代乾隆年间，仍由朱氏子孙掌管，多次修葺祠宇，春秋祭祀，俎豆千秋，传为一段佳话。

范仲淹在亳州将近 4 年，有两个人给他留下了深刻印象，直到桑榆晚景，仍念念不忘。一个是亳州通判杨日严。天禧二年（1018 年），30 岁的范仲淹结识了来亳州当通判的杨日严。此人才高八斗，风度翩翩，与范仲淹一见如故，成为忘年之交。他议论坦诚，胸无城府，执法平恕，从无冤狱，政简刑清，百姓安居。不久，杨日严调往宛丘（今河南淮阳），虽然同僚不少，但他独钟情于范仲淹，只要有机会，就举荐范仲淹。再知益州（治今四川成都），恪守官箴，关心民瘼，四川百姓有口皆碑。后来从四川回到京师开封，威望甚隆。范仲淹任参知政事，也有他举荐的功劳。

另一人是太子中舍上官融。范仲淹在亳州时，上官融的父亲上官佖（bì）调任亳州太守，上官融也跟随父亲到了亳州，始与范仲淹相识。范仲淹见上官融温文尔雅，议论风生，便心存好感，不把他当作一般的官宦子弟。范仲淹有一段短暂时期在京师任秘书省校书郎，此时上官佖调任京东转运使，上官融也来到了京师。

原来仁宗天圣二年（1024 年）秋天，国子监广文馆举行考试，公卿大夫之子多来参加，上官融拔得头筹，中了第一名。第二年礼部遴选天下才俊，在太常寺举行考试，上官融是获得推荐的第一人，因此他博学之名传遍京城，士大夫都愿与他交往。但还未及出仕，便丁父忧还乡。丧期满后，朝廷授他为信州贵溪县（今江西贵溪西）主簿，辅佐知县办事。上官融不嫌官小，恪守其职。先后任江南东路转运使的蒋希鲁、吴安道联名推荐上官融才干超群，朝廷升他为蔡州平舆（今属河南）县令。吴安道在淮南做官，又调上官融管理真州（治今江苏仪征）盐仓，他同样管理得井井有条。龙图阁直学士段希逸与另外7名官员联名向朝廷推荐上官融，但此时上官融已身染疾病，不能莅职，朝廷给了他一个太子中舍的虚衔，准许他告老还乡。

49岁时，上官融一病不起，不久病逝。范仲淹为他写了一篇墓志铭，无限深情地说：自古儒生大多短命而亡，难道是上天不与人为善吗？我认为不是。正人君子做善事，必定有好的结果，当然也有穷困而早年夭亡的儒生，世人都感到悲伤，虽然只有一两个这样的有才而早死的儒生，也被人传为美谈。小人不做善事，将来必遭报应，像这样的人死掉成百上千，人们也不会记住他们。而上官融这样的人死了，却使人伤悲！范仲淹是重情义的人，于此可见一斑。

在亳州政事之暇，范仲淹在天禧二年（1018年）还漫游过燕赵之地。战国时期燕赵之地出了许多慷慨悲歌之士，高唱“风萧萧兮易水寒，壮士一去兮不复还”的荆轲，就是受燕太子丹的派遣，去咸阳刺杀秦王的。燕赵之地又临近辽国的边界，这引起了范仲淹许多感慨。虽然“澶渊之盟”已签订了10多年，边境上不再兵戎相见，但宋朝须向辽国缴纳金银财帛，仍然是宋朝的耻辱。他在《河朔吟》中说：“太平燕赵许闲游，三十从知壮士羞。敢话诗书为上将，犹怜仁义对诸侯。”这一年范仲淹30岁，正是而立之年。他这个饱读诗书的人，如果将来领兵，绝对不会在打了胜仗的情况下向对手屈服。20余年后，范仲淹以一名儒将总戎西北边陲，运用他的文韬武略，与西夏周旋，我们仍可领略到当年范仲淹《河朔吟》中的壮志豪情！

天禧四年（1020年），朝中发生了一件大事，引起了范仲淹的关注。

原来宰相寇准当枢密使时，曹利用是副职，曹利用读书不多，寇准看不起他，每逢两人争论，寇准便会说，你是一个赳赳武夫，哪里知道如何治国？曹利用对他恨之入骨。大臣丁谓曾是寇准的属下，有一次寇准吃饭，汤水弄脏了胡须，丁谓为巴结寇准，前去为寇准擦拭，寇准甚为反感，说他无大臣之体，丁谓因此怀恨在心，于是，便和曹利用合伙陷害寇准。翰林学士钱惟演见丁谓正受朝廷重用，也与他结为姻亲。皇后刘氏家族在四川横行不法，抢夺百姓盐井，真宗因皇后之故，欲赦其家人之罪，寇准却主张依法行事，又得罪了皇后。其时真宗染病，朝政多废，寇准上奏说，皇太子是天下人希望所在，请陛下让太子监国，以巩固大宋朝万世基业。另外，丁谓是奸佞之人，不可让他辅佐太子，要选择有威望的大臣。真宗点头称是。寇准于是安排翰林学士杨亿起草表章，请太子监国，又打算让杨亿取代丁谓。杨亿怕事情泄露，屏退左右，独自一人起草表章，直至夜阑更深，外人均不知情。而寇准则因喝醉了酒，无意中把这事泄露了出去。丁谓等得知消息，大为惊惧，便联手控告寇准扰乱朝政，请求真宗罢免其宰相之职。真宗一时糊涂，全不记得与寇准有太子监国的约定，也责怪寇准多事，便答应了丁谓等人的要求。

事情越闹越大，皇帝亲信周怀政被杀，寇准被贬往相州（治今河南安阳），移安州（治今湖北安陆），再贬道州（治今湖南道县）。真宗死后，又贬雷州（治今广东雷州）。当时雷州尚未开发，属蛮荒之地，瘴疠之乡，寇准历经坎坷劫难，死于贬所。范仲淹非常钦佩寇准忠于朝廷的高风亮节，在为杨亿作写真画像赞中褒美他："寇莱公（寇准封莱国公）当国，真宗有澶渊之幸，而能左右天子，如山不动，却戎狄，保宗社，天下谓之大忠。"辽圣宗率兵20万，兵临澶渊城下，大臣王钦若等主张避敌求和，寇准则力劝真宗御驾亲征，结果宋兵大胜，宋辽双方签订了"澶渊之盟"。寇准打退了强敌，保全了社稷，是宋朝的大忠臣。又说："真宗将不豫，中外为忧。莱公将奋大计，正前星于北辰，引太阳于少海。"少海、前星是指太子，北辰、太阳是比喻皇帝。这是说真宗病重，天下人都在忧虑之际，寇准为社稷着想，想让太子监国。一腔忠诚，可钦可敬！

三、位卑未敢忘忧国

天禧五年（1021年），范仲淹调入泰州（治今江苏泰州），任西溪（今属江苏东台）盐仓监官，职责是管理盐税。

宋朝规定，各地随事设官，征税数目皆有定额，年终根据增损情况，给予奖惩。这个官职虽小，朝廷却很重视，规定犯过赃罪与受过徒刑的人，不得担任监官。

范仲淹调任西溪监管盐仓，大概是上司看中了他做事认真，从不蝇营狗苟的品格。东台属今盐城市管辖，濒临大海，气候温润，适合种植牡丹，每值春季，牡丹竞相绽放，姹紫嫣红，香气氤氲。曾任过宰相的吕夷简也在西溪做过官，他栽种过牡丹，有咏牡丹的诗篇刻于石上。范仲淹来到西溪，读了吕夷简的诗，不禁诗情坌涌，也题诗一首，题目叫《西溪见牡丹》：

阳和不择地，海角亦逢春。
忆得上林色，相看如故人。

春天和煦温暖的阳光洒遍每个角落，即使是偏僻荒凉的天涯海角也是春风吹拂，阳光灿烂，京城的上林苑春色当然更好，看见这里的牡丹，就使人想起了京城。“阳和不择地，海角亦逢春。”范仲淹相信自己有经天纬地之才，如果有朝一日能在京城展经纶，施抱负，肯定会干出一番大事业来。

自范仲淹题诗后，后人题诗赓和者甚多，而牡丹花也为人所贵重，设立栏杆保护不忍采折。岁月既久，牡丹花开得更加艳丽，枝条蔓延数丈，每一株都有花数百朵，成为海滨一大奇观，每年春季来此观花者络绎不绝。

乾兴元年（1022年），即范仲淹到泰州的次年，二月间宋真宗一病不起，13岁的仁宗赵祯继位，因他年龄幼小，由皇太后刘氏摄政，处理军国大事。这年十一月，尚书右丞张知白升任枢密副使，不久升任宰相。张知白是个位高权重的人物，他虽位居高官，却不脱书生本色，很爱惜自己的名声。史书上说他在相位，恐怕办错事而玷污了自己清白，处事公平，不敢有丝毫私心，常常告诫自己不要因官大而栽了跟斗，即使官高禄重，仍然如清贫的寒士一样。

范仲淹了解到张知白的为人，忽然萌生了一个念头：何不毛遂自荐，给他写一封信，诉说自己的鸿鹄之志呢？于是展笺濡毫，很快写成了一篇《上张右丞书》。

信中说，我有幸生活在四民（士、农、工、商）之中，读书学文，成为衣冠礼乐之士，大略知道圣人治理天下的道理。我知道忠孝可以用来服务朝廷，仁义可以用来治理百姓，立功扬名可以千年不朽，文章可以用来传世。我有心为天下人做一番事业，施展自己的抱负，是不是太不自量了呢？如果您不以我为不肖，我有几句话想告诉您，对于种田耕耘的艰难，断案决狱如何公正，治理教育百姓怎样才能繁简得当，货殖贸易的利弊，我虽算不上精通，但也略知一二。如果我能追随您的左右，在朝堂上抒发己见，您看是否可以？如蒙您允诺，能在京师和您交往，必将有益于当前，给后世带来影响，您的道德文章就可传而不朽了。

范仲淹写得如此真挚、如此动情，毛遂自荐，就是想早日实现济世救民之志。也许是张知白政务丛脞，没有时间复信，也许是因为范仲淹是一个初出茅庐、名不见经传的小官，张知白不理解他“位卑未敢忘忧国”的志向，因而不肯答复。范仲淹的信如同泥牛入海，没了消息。

范仲淹任职的西溪虽是一个海边小镇，却是产盐重地，但因地势低洼，且濒临大海，每遇风涛，潮水便汹涌而至，直抵城下，郡民常受其苦。

从唐代开始，关心民瘼的官员就修筑过捍海堰，以抵御潮水。到了宋代，堰堤年久失修，千疮百孔，已不能抵御潮水，每逢潮水大至，这里便成了水乡泽国，淹没农田，冲毁盐场，百姓流离失所，辗转沟壑。范仲淹体察民情，到任不久便熟悉了这里的情况，找到他的上司发运副使张纶，请求修复海堤以纾民困。张纶也是有事业心的官员，对范仲淹的提议甚为嘉许，奏请范仲淹担任兴化县令，主持其事。

有人提出异议说，如果重新筑堤，潮水之患可以挡住，但是雨水排不出去，岂不是一害？张纶说，潮水之患占十之八九，雨水之害不过十之一二，先治住潮水，然后再想法排泄雨水，弊少利多，何乐而不为？于是鸠工庀材，择日动土。但是天不作美，刚动工不久，适逢阴雨连绵，海水巨浪翻滚，犹如猛虎出柙，把未修好的堤堰冲得七零八落。役夫四散逃走，被浪涛卷走而毙命者有百余人。一时人言汹汹，都说堤堰不可修复，否则伤人更多。

事情反映到朝廷那里，天子派人前来查看，打算停止修筑堤堰。来人还未及上报，天子又派淮南转运使胡令仪与范仲淹商议，范仲淹力排众议，主张修堤筑堰，不可因一时小挫折而误大事。胡令仪认为范仲淹说得有理，支持了他的意见。不巧的是，范仲淹因丁母忧去职，离开西溪后还给张纶写了几封信，条分缕析修筑堤堰之利。张纶颇受感动，三次上书朝廷，表示修堤堰的决心。朝廷见他出于至诚，便命他暂时权知泰州，调度一切。张纶督率民夫自小海寨东南至耿庄，筑堰 180 里，又在运河上设闸，接通潮水以通漕运。天圣四年（1026 年），工程竣工，流亡百姓归来者 2100 余户，百姓为张纶立了生祠。

《范文正公年谱》则说，通（治今江苏南通）、泰、海（治今江苏连云港）三州皆濒临大海，每年潮水都冲到城下，把良田变作盐碱滩，不能稼穑。范仲淹监西溪盐仓，请求朝廷筑海堰于三州之境，长数百里，以防止农田被淹没。朝廷采纳了他的意见，任命他为兴化县令修筑海堰。

范仲淹纪念馆（泰州）

范仲淹调发通、泰、楚（治今江苏淮安）、海四州民夫修建。建成之后，民享其利，兴化的百姓感戴范仲淹的功德，许多人改称范姓。

范仲淹在泰州遇到了同年滕子京，他当时任泰州从事。他与滕子京虽是同榜进士，但相交不深，旧日相识在泰州成了同僚，往来遂多。滕子京政事之暇，孜孜读书，挥毫为文，喜欢结交文人骚客，与范仲淹志趣相投，遂成莫逆之交。范仲淹奉命筑堰时，滕子京与他一起视察工地，遇到大风，潮水汹涌时，兵民惊慌，官吏惶恐不安，而滕子京处变不惊，与范仲淹讨论筑堰之策，众人见他岿然不动，便也不再惊恐了。范仲淹见他有过人之才，与他更加亲近了。

范仲淹在这里还结识了比他小 15 岁的富弼。富弼，字彦国，洛阳人。他聪颖好学，有谦谦君子之风。

富弼的父亲任泰州税监，年少的富弼随父亲来到泰州，时年 18 岁，在西溪西南的茅山景德寺读书。范仲淹见他气度非凡，谈吐文雅，便称赞他有王佐之才，将来必定能成就一番事业。范仲淹把富弼的文章拿给王曾、晏殊看，两人都击节赞赏，晏殊还把女儿嫁给了他，于是富弼便成了晏殊的乘龙快婿。《邵氏闻见录》记载此故事：一天，晏殊对范仲淹说，我有一女，已到了谈婚论嫁的年龄，想请你帮我择婿。范仲淹说，学舍中有两个举子，一个叫富皋，一个叫张为善，文章、品德俱佳，他日定可成为卿相，都可做你的乘龙快婿。晏殊说，一女不能两嫁，这两个人中哪个更优秀？范仲淹说，富皋好学谨慎，张为善写文章不拘常格，才智出众。晏殊沉吟片刻说，我还是选择富皋吧。富皋后来改名富弼，张为善后来改名张方平，两人均位至宰相，为宋代名臣。这段文坛佳话发生在范仲淹执教于应天府书院时，富弼、张方平都在那里求学，是范仲淹的门生。

天圣三年（1025 年），37 岁的范仲淹仍监西溪盐仓。这年四月，他给皇太后、仁宗皇帝上了一封《奏上时务书》，在这封洋洋洒洒数千言的奏疏中提出，风化厚薄，见之于文章，要兴复古代淳厚风气，以救文章之弊，就应延聘文雅博学之士布列朝廷；圣人治理天下，文臣、武将都不可或缺，文经武纬，天下才能大定。应恢复唐代武举，则天下英雄皆入彀中，圣人居安思危，才是国家之福；唐代特别开设馆殿以培育人才，声满天下，我朝起初也崇尚史馆、昭文馆、集贤院（统称“三馆”），很多宰辅大臣来自三馆。但近来三馆迁出宫廷，设在坊间，但校雠一职不由科举中第者中选拔，而是由朝廷推恩封赠，熬够年岁，也能升迁显要官职，这就失去了当初设立三馆的本意。陛下应与大臣重新商议，定出制度，让三馆成为养育人才之地。谏官、御史是朝廷耳目，职责是建议、弹劾，朝廷应有旌赏。但陛下即位以来，没有旌表过一个谏官，也没有奖赏过一个御史。如果他们的言论对国家无益，是朝廷用人不当；如果他们的言论对国家有益，为何没有旌赏？如此一来，将使犯颜直谏者处境危险，缄口不言者平安无事，这是变相鼓励谏官、御史都成为尸位素餐之人，应赏罚分明，以广开言路。朝廷赏赐极不公平，凡居高位的官员，每年都会被朝廷赏赐其子孙为官，以至于簪绂盈门，冠盖塞路，不管有没有才能，皆可升为高官，岂有此理！如果朝廷不改弦更张，继续容忍这些弊端存在，官员们破坏了规矩，歪风邪气就会流毒天下，这不是国家之福。请陛下与大臣从长计议，澄清是非，杜绝弊端。我还听说，以德服人者天下人都拥戴他，以力服人者天下人都怨恨他。愿皇太后、陛下用德以服天下人之心，薄于用刑，厚于恻隐，告诫百官对百姓仁慈，不要苛酷，提倡节俭，不大兴土木，尽量少剃度僧人、尼姑，如此等等。

此时的范仲淹官卑言轻，却敢冒杀头之险上书天子，痛陈弊端，指斥时政。他所揭露的种种弊端都一针见血，切中要害。这些主张成为他日后推行庆历新政的蓝本。在朝廷上下宴安逸豫、粉饰太平之时，范仲淹已洞察到了大宋王朝潜在的危机，有了强烈的忧患意识，能够居安思危，提出补苴罅漏的建议，的确难能可贵！

四、执教杏坛

天圣三年（1025年），范仲淹在泰州筑堰期间，他的母亲谢氏病情加剧，为给母亲侍奉汤药，他辞去了兴化知县之职，改调监楚州粮料院，职责是发放所在地官员俸禄，事务不多。

但到楚州不久，他的母亲便一病不起，乘鹤西去。按照官员丁忧的惯例，他须辞官守孝，考虑到南京应天府是他曾经求学之地，又是他岳家居住地，于是便举家迁往南京。原来范仲淹在南京求学时，结识了李纮（hóng），二人交情甚笃。李纮之父李昌图和叔父李昌龄、李昌言兄弟三人均在朝居官，籍贯楚丘（今山东曹县东南），与南京近在咫尺，因此李纮也在应天府书院读书。李昌龄当过宰相，李昌图任过国子监博士，李昌言则官居太子中舍，可算是书香门第，簪缨之家。李纮知道范仲淹才华横溢，将来必有飞黄腾达之日，于是便充当月老，把自己的堂妹、叔父李昌言的女儿李氏许配给范仲淹，两家结为秦晋之好，范仲淹从此有了妻室。李纮后来官居龙图阁学士，他赴任京师时，范仲淹有诗送他：

寂寥门巷每相过，亲近贤人所得多。

今日九重天上去，濉阳孤客奈愁何？

濉阳即睢阳，也就是南京。诗的前两句说他们两人在应天府求学时成为挚友，那时一心读书，往来不是太多，即使相遇，也因怕荒废了学业，不敢长谈，因此门巷寂寥。君子之交虽淡如水，但两人都是品德高尚的贤达，彼此都能从对方那里学到不少东西。后两句说今日李纮要到京师——九重天上任职，我在濉阳只身孤自，愁绪难排。从这首诗可以看出两人交情之深，此诗应写于范仲淹在应天府书院执教时。

范仲淹在南京为母守丧期间，适逢在朝任枢密副使的晏殊因论事触怒了刘太后，被贬为南京留守。宋承唐制，天子外出巡视时，命亲王或大臣留守京城，掌管宫廷及京城守卫、钱谷兵民之事，称东京留守。西京河南府、南京应天府、北京大名府也各设留守，以知府兼任。晏殊是留守，也是应天府的长官。他后来官至宰相，也是北宋有名的诗人。晏殊重视教育，千方百计陶铸人才，他刚至南京，便得知范仲淹在这里丁母忧，于是聘请他执掌应天府教席。范仲淹慨然应允，史载“自五代以来，天下学校废，兴学自殊始”。范仲淹和戚同文之孙戚舜宾一起主持应天府书院，开始了他的执教生涯。经过范仲淹的辛勤耕耘，应天府书院位居北宋四大书院之首，后来改为府学，庆历年间又改为南京国子监，与东京开封、西京洛阳的国子监交相辉映。

在应天府书院的三个春秋中，范仲淹专心致志，心无旁骛，把全部精力都投入到教书育人中。他殚精竭虑制定学规，延聘师资，严格督促学生读书，一切均有法度，一时书院名声大震，莘莘士子负笈来求学者络绎不绝。

范仲淹注重言传身教，率先垂范。他家居住之处距书院近在咫尺，次子范纯仁又呱呱坠地不久，而他则常宿于书院中，无暇照顾妻孥。他

应天府书院

每于夜间察看学生是否认真读书，见有不肯勤奋读书而早寝者，便问所读何书，学生胡乱指一本书，范仲淹又让他讲述书中内容，学生自然回答不出，于是便会受到责罚。从此以后学生不敢再偷懒了。范仲淹在主持书院的同时，还亲自为学生讲解艺文和《易经》，要考试学生，出题后，必先自写一篇，体验题目的难易，送给学生当范文。《老子犹龙赋》《蒙以养正赋》《礼义为器赋》等，大约就是他这一时期的作品。

范仲淹官小俸薄，却喜欢解衣推食，资助勤奋读书的士子。山东泰山有个姓孙的秀才，仰慕范仲淹的为人，前来拜谒。范仲淹见他穷困潦倒，便赠钱 1000 文，孙秀才千恩万谢而去。第二年，孙秀才又来拜谒，范仲淹又赠钱 1000 文，问他：你风尘仆仆，往返于道途之中，何苦如此？孙秀才戚然动容说，我也不想受此奔波之苦，只是家境贫窭，老母年迈，我又身无长技，无法让老母颐养天年，出此下策，实属无奈。倘若每天能得到 100 文钱，以为老母甘旨之佐，于愿足矣。

范仲淹语重心长地说，我观察你的举止，并非乞讨之人，两年奔波，能乞讨到多少钱？但为此荒废了学业，便不合算了。如今我让你在书院当佣工，每月给你 3000 文，足以赡养高堂，剩下的时间，就在书院读书，你可愿意？孙秀才大喜过望，连连叩谢。范仲淹亲自执教，为他讲授《春秋》。孙秀才也勤奋好学，夜以继日，手不释卷，加上他品行高洁，恬淡寡欲，范仲淹甚为喜欢他。范仲淹丁母忧期满离开南京，孙秀才也告辞归去。

又过了10年，泰山下有孙明复，其人聚徒讲授《春秋》，深入浅出，阐释得题无剩义，颇受学生欢迎，孙先生之名也不胫而走，远近皆知，这个人就是孙秀才。孙明复的及门弟子石介进士及第，官至国子监直讲。国子监是两宋最高学府，直讲则是国子监的教师。石介对众人说，孙先生是饱学之士，不应当隐居不仕。范仲淹、富弼也交章推荐，说孙明复熟悉经术，应召往朝廷供职。于是朝廷把孙明复召往京师，授以秘书省校书郎、国子监直讲之职。如果没有范仲淹的奖掖扶持，孙秀才不过是一普通读书人而已，《宋史》不可能为他立传！

应天府宋城县（今河南商丘睢阳区）人张方平幼年随母亲嵇氏寄寓扬州，13岁时返回原籍，其时他的舅父嵇颖为应天府书院讲席，名望甚盛，张方平与舅父切磋学问，学业大进。天圣五年（1027年），范仲淹主持应天府书院，张方平想去拜谒求教，又怕拒绝，踌躇不决。

一天，张方平拿着自己写的文章让范仲淹看，范仲淹一见如故，奖掖有加。在范仲淹的悉心教诲下，张方平后来成为一代名臣，神宗时官至参知政事。他虽是朝中的衮衮大员，但从未忘记过范仲淹的教诲，在一篇《上河中同理范学士文正公》的短文中深情地回忆往事说，范仲淹在应天府书院“诱人乐善，孜孜不足”，自己仰望先生的门墙，盘算着怎样才能登堂入室，成为先生的及门弟子。一天硬着头皮拿着自己的习作去见先生，希望能得到指教，先生“雅不以晚辈见待”，我“感荷知奖甚深厚”。文中又说，有一年张方平公干赴京师，时范仲淹已在朝廷供职，张方平三次谒见，都因范仲淹座上客多，竟缘悭一面，成为张方平一生之憾事。还有一个来自沛国的生员，姓朱，学习刻苦，读书不辍，晏殊甚为嘉许，特地为他起名从道，字复之。范仲淹也专门为此写了一篇题为《南京府学生朱从道名述》的文章，说一个人如果没有受过教育，肯定见识短浅，犹如一块未经雕琢的玉石，又好比在地下流动的泉水，人们不知道玉石是宝，也看不见泉水淙淙向东流去。一旦受到了教育，书读多了，神智就清醒了，好比金子受到冶铸，便成为美器，又好比良马经过训练，奔波可至于千里。先生适逢其会，能够在太平盛世施展抱负，能够在陶铸人才的应天府书院成才扬名，可见教育的重要。苏东坡早年便知道韩琦、范仲淹、富弼、欧阳修四人是人中豪杰，等到东坡进士及第到京城时，范仲淹已溘然长逝，只读到了他的墓志，未及见他一面，实为生平憾事。

韩琦、富弼、欧阳修三人，苏东坡和他们都有过交往，“而公独不识，以为平生之恨。若获挂名其文字中，以自托于门下士之末，岂非畴昔之愿也哉！”一代文豪对范仲淹崇拜得五体投地，可见范仲淹的人格魅力。

范仲淹主持应天府书院，成绩斐然，享誉千古，诚如明代思想家李贽所说：“他是北宋前期收拾儒门、复兴儒学的第一人。”

范仲淹在《南京书院题名记》一文中说，应天府书院办学“二十年间相继登科，而魁甲英雄，仪羽台阁，盖翩翩焉，未见其止”。有人统计，从应天府书院走出的硕儒俊彦有向敏中、尹洙、富弼、江休复、王尧臣、赵槩、张方平、孙明复等多人。受过范仲淹教诲的还有石介、李觏、张载、文彦博、胡瑗、狄青、种世衡、贾黯等一批北宋名臣，宋人江少虞编著的《宋朝事实类苑》中说：“宋人以文学有声于场屋者，多其所教也。”这绝非溢美之词，范仲淹是名副其实的教育家！

居丧期间，范仲淹身在南京，心系朝廷。天圣五年（1027 年），他再次上书执政，提出自己对时局的看法及补救措施。当时在朝执政的是当过宰相又提举国史的王曾。范仲淹当时只知道王曾的大名，但还无缘识荆。据说王曾当宰相时“进退士人，莫有知者”，也就是提拔谁，贬退哪个，当事人都不知道。后来范仲淹入朝任职与王曾同殿为臣，便问王曾：提拔官员是件好事，这是你的恩德，为什么不让他本人知道呢？王曾说：作为执政大臣，老想着把提携别人的功劳归于自己，贬退别人带来的怨恨又该归于谁呢？范仲淹听了，大为折服。当然这是后话。

在这篇洋洋洒洒近万言的《上执政书》里，范仲淹概括了当时的天下形势：朝廷很久没有忧虑国家大事了，天下太平很久了，士兵很久没有打仗了，莘莘士子很久没有受到良好教育了，朝廷上下都变得享乐奢侈了，而百姓却更加穷困了。如此因循苟且，便会后患无穷。朝廷不考虑国家大事，便听不进逆耳忠言；天下太平可能潜伏着危机，足以危害社稷；兵久不用则武备不坚，容易被敌人欺凌；士子不受教育，国家便缺乏可用的贤才；朝野上下奢侈无度，便会造成天下财富枯竭；百姓穷困，不得温饱，便会认为朝廷刻薄寡恩。倘不改弦更张，迁延岁月，一旦祸乱发作，天下之人皆受其祸，宰相执政也不能辞其咎。

范仲淹条分缕析，句句切中要害，然后笔锋一转，提出了防患于未然的六条建议：固邦本、厚民力、重名器、备戎狄、杜奸雄、明国听。其实这六条建议中的某些内容，在两年前的《奏上时务书》中已经说过，这次的《上执政书》不过是《奏上时务书》的延伸和发展而已。

如何才能做好以上六点呢？

范仲淹提出，所谓固邦本，就是要选择精明强干的人担任县令、郡守，这些地方官员遴选得恰当，才能为百姓兴利除弊，江山社稷才可能稳如泰山。

所谓厚民力，就是体恤百姓，停止不急之务，轻徭薄赋，使百姓心悦诚服地为国家创造财富。

所谓重名器，就是严格选拔制度，重视学校教育，使人才脱颖而出。

所谓备戎狄，就是要培育将帅，捍卫边陲，使外夷不敢侵犯中华。

所谓杜奸雄，就是朝廷政治清明没有过失，百姓没有怨言安居乐业，以杜绝奸雄骚乱的机会。

所谓明国听，就是保护、重用忠心辅国的人，疏远、排斥奸佞小人，使君王能够随时听到正确意见。

能做到这些，君主才算是有道明君。对于如何遴选州县官员，占了《上执政书》的很大篇幅。他认为当今的县令、郡守多是按部就班，靠资历熬出来的，并非恪守官箴、为民请命之人。年老的为子孙计，想多捞些钱财；年轻者不想长期在州县任职，把州县官当作向上爬的阶梯，因而办事不认真，因循苟且，得过且过。因此，一县之中官吏应付差事，徭役不平均，刑罚不公平，对百姓有利的事不去做，对百姓有害的事不除掉，不关心鳏寡孤独之人，不约束游手好闲的人，不奖励孝顺父母、友于兄弟的人，全国十之八九的县都是如此。这种现状必须改变。王曾很赏识范仲淹。天圣六年（1028年），晏殊由应天府调回朝中任御史中丞，有一次晏殊要推荐一人在馆阁任职，王曾说，何不推荐范仲淹呢？晏殊欣然同意。

这样，范仲淹在母丧期满后，便顺利地调入朝中，任秘阁校理之职。

离开南京之际，范仲淹向朝廷推荐一个叫王洙的儒士。此人进士及第，博闻强记，淹通“六经”。原是贺州富川县（今属广西）主簿。范仲淹素闻其名，主持应天府书院后，把他聘为书院讲席，王洙也不负所托，尽心授徒。范仲淹丁忧期满，特别向朝廷推荐王洙，请求让他当州一级行政单位的职事官兼州学讲说。仁宗采纳了他的意见，不次升擢，王洙累官至知制诰（为天子起草诏诰）、翰林学士，校定《史记》《汉书》，预修《崇文总目》《国朝会要》等，成为宋朝名臣。若非范仲淹慧眼识珠，王洙便可能终老于户牖之间，默默无闻，不为人知。

一、第一次被贬

范仲淹由地方调入朝中任职，他才知道看似风平浪静、水波不兴的朝廷竟然也潜伏着危机。

还在天禧年间，真宗病重，不能视朝，军国大事由刘皇后处理。刘皇后不能生育，宫人李氏原是刘皇后的婢仆，庄重寡言，真宗见她温柔贤淑，便召她侍寝，不久便珠胎暗结，生下一子，就是仁宗。刘皇后偷把孩子抱来，据为己有。李氏儿子被刘皇后夺走后，便默默处于一般妃嫔之中，从不争辩。宫人和大臣们虽然知道其中隐情，但害怕皇后威严，都三缄其口，不敢道一字。而刘皇后也视仁宗如己出，呵护备至，仁宗执政多年，还不知道自己生母是李氏。李氏病笃之际，仁宗才下诏进位为宸妃。真宗崩逝，仁宗继位，但此时仁宗尚年幼，遗诏尊刘皇后为皇太后，军国大事“权取”皇太后处分。

“权”在宋代是指暂时代理某一官职而非正式官职。大臣丁谓想讨好皇太后，主张去掉“权”字，大臣王曾反对说，皇帝年幼，由皇太后主持军国大事，这种不正常情况已是国家的不幸，称“权”还可说得过去，何况先帝崩逝前言犹在耳，怎能遽然改变？丁谓这才无话可说。

天圣七年（1029年）冬至这天，仁宗率文武百官在会庆殿为皇太后祝寿，下诏起草上寿仪式。朝中大臣面面相觑，相顾失色，天子乃九五至尊，给别人叩首拜寿不合礼仪，但是他们只窃窃私语，没人敢当面议论，怕触怒龙颜，性命不保。

秘阁校理范仲淹却不顾安危，挺身而出上疏说，天子有侍奉长辈的礼仪，但没有降尊纡贵，以天子当臣子的道理，有坐北朝南接见群臣的威仪，没有自己面向北面做臣子的道理。若是在宫廷之内行家人礼，这无可厚非；若是率领群臣一起向皇太后跪拜祝寿，有损天子的体面，不可为后世效法。奏疏递了上去，大概是仁宗皇帝也觉得此事不妥，遂取消了上寿仪式，而刘太后却愠怒不已。

时任资政殿学士的晏殊得知此事，不禁惶惧不安，范仲淹是他举荐入朝的，范仲淹若出了问题，他这个举荐人是要承担责任的。

思前想后，他把范仲淹召来训斥说：你位卑言轻，朝中那么多位高权重的大臣都三缄其口，你却敢口无遮拦，放肆大谈。如此沽名钓誉，胆大妄为，纵然不为自己考虑，可也得知道，我会受到连累呀！

范仲淹正色回答说：承蒙您的推荐，我才得以入朝为官，平日我总是兢兢业业，不敢稍有懈怠，恐怕稍有差池，玷污了您的名声，没有料到因为正直敢言而得罪您！这一席话堂堂正正，掷地有声，晏殊听了，怔怔地立在那里，无言以对。

一番简单的对话，范仲淹觉得意犹未尽，于是又展笔濡墨，给晏殊写了一封《上资政晏侍郎书》，继续申述自己上疏的原因。

他说：上天诞生芸芸众生，他们都要自食其力，只有士人德才兼备，上可以辅佐君王，下可以造福百姓，因此朝廷才养了一批士人，如果他们无才无德，朝廷为何还要养活他们？我官小俸薄，每年的俸禄收入仅30万文钱，以农夫的中等田地计算，每亩收粮一斛，一斛可卖300文钱，1000亩才卖30万文钱，如果遇到天灾，收成就会骤减，丰歉相抵，大概2000亩田地的收入才值30万文钱，我这样的官职，一年的俸禄所得，可以抵得上2000亩田地的收获。农夫一年四季播种耕耘，秋收冬藏，一年到头忙忙碌碌，少有闲暇，何其辛劳！如果我尸位素餐，只拿俸禄，不为朝廷献言，岂不成了专门毁坏禾苗、蔬菜的害虫？我生性正直，不会拐弯抹角，不会为了荣华富贵而屈身投靠权贵，也不会因为贫贱而改变对朝廷的忠心。如果朝廷重用我，我提的建议可能比今天还要尖锐，这样才不辜负您对我的荐举；如果明哲保身，不敢向朝廷献言，这样的人天下多得很，您又何必举荐我呢？天下的士有两种：一种是危言危行，即言论和行动都正直无私；另一种是逊言逊行，即言论和行动都奸邪不正。前一种士直言贾祸，因言获罪，但最终可以使天子避免过错。如此一来，逊言逊行之人将不战而胜，歪风邪气充满朝廷，这岂是国家之福？如果朝中大臣、全国缙绅都能做到危言危行，使君王无过，使百姓无怨，政治清明，祸患不生，天下太平，这才是国家之福。

范仲淹还算幸运，他那篇奏疏虽然惹得皇太后不快，但也没给他处分，只是没有回音而已。其时仁宗已到弱冠之年，可以单独处理朝政了，但皇太后恋栈，不肯交出权力。范仲淹忍不住又上了一疏，请求太后“卷收大权，还上真主”，让“春秋已盛”的仁宗亲政。

奏疏递了上去，皇太后留中不发，没有消息。范仲淹失望之余，请求离开朝廷，到地方任职。皇太后巴不得他离朝，很快便批准他到河中府（治今山西永济蒲州）出任通判。通判是州府的副长官，有监察所在州县官员之权，凡民政、财政、户口、赋役、司法等事务文书，都须知州、知府与通判共同签字才能生效。范仲淹到地方任职，又给了他施展才能的机会。

刚到河中府，就传来了朝廷要建太一宫与洪福院，在陕西购买木材的消息。陕西盛产木材，朝廷兴建佛寺、道观，多从陕西采购木材。说是采购，其实是巧取豪夺，只会给百姓带来灾难。范仲淹按捺不住了，又上疏说：陛下即位后，寿宁观与藏天书的玉清昭应宫相继失火，至今斑痕犹存。如今又要大兴土木修建太一宫及洪福院，耗费的都是民脂民膏，这既不得人心，也不合天意。为今之计，应该不再修建寺观，减少采购木材的数量，以减轻百姓的负担。

玉清昭应宫始建于大中祥符二年（1009 年），历时 7 年方才建成，共 3600 余间。一天夜间发生火灾，到次日清晨，玉清昭应宫被烧得断壁颓垣，成了一片瓦砾。仁宗为此派人祭告于父祖陵墓前，表示以后不再修缮了，可如今又要修建太一宫和洪福院，无怪乎范仲淹上疏谏阻。但是修建太一宫和洪福院是皇太后的主意，纶音既出，谁敢反对？太一宫和洪福院仍旧照建不误。

范仲淹贬谪河中府期间，在朝中当宰相的是吕夷简。吕夷简是颇为复杂的人物，他权知开封府时，政绩甚佳，当宰相后，因一己之私，又几度与范仲淹交恶。在仁宗母亲李宸妃的葬礼问题上，吕夷简敢作敢当，一时传为佳话。李宸妃死时 46 岁，因为只是一名宫嫔，朝廷不打算为她治丧。吕夷简晋见刘太后和仁宗说：听说宫嫔李氏死亡，朝廷打算如何处理？太后说：你备位宰相，应管国家大事，宫中的事你也要管吗？说着拉了仁宗，悻悻而去。

过了一会儿，太后又单独召见吕夷简，质问说，一个宫嫔死了，宰相为何如此关心？吕夷简说，臣既是宰相，朝中的事都应过问。太后大怒说，你想离间我们母子吗？吕夷简说，太后如果不为刘氏家族着想，我不敢多说，倘为刘氏家族着想，葬礼应当从厚。刘太后这才如梦初醒，忙说，李氏只是宸妃称号，应当用什么规格？吕夷简说，应当在皇仪殿办丧事，用一品礼葬于洪福院。太后同意后，吕夷简又对内侍罗崇勋说，李宸妃殡丧时应穿皇后服装，棺内应放水银，以免后人讥笑我，说我吕夷简考虑不周全。罗崇勋听从了吕夷简的指示。也正因此，在太后去世后，刘家才没有因此受到灾祸。

天圣八年（1030 年）五月，范仲淹得知朝廷要举行制举，便上书宰相吕夷简，提出自己的见解。所谓制举，又称制科、贤科、贤良，是贡举科目之一，由皇帝不定时诏试才识优异之人。范仲淹在书中说：我如今任职于唐虞旧域（唐指陶唐氏，即尧；虞指有虞氏，即舜。他们都活动在今山西一带），这里风俗淳厚，狱讼不多，公务清闲，如果随波逐流，无所事事，何以报国？因此才写这封信给您，提点建议，也算是报国吧！说到制举，就离不开教育，因为善于治国者，必先培育人才；要培育人才，首先是办学；办学的首要任务是熟读经书。经书揣摩透了，治国的道理就成竹在胸了，有了治理国家的成算才能施展你的才能，才能把国家治理得井井有条。如今的问题是学校不兴旺，合格的教师不多，号称学者的人汲汲于仕进做官，不肯下功夫钻研经典，当官的人不重视教化的作用，写起文章来多是无关痛痒的柔靡之音，于国事无补，要从这些人中选出治国人才，真是艰难。一旦恢复制度，这些弊端都可迎刃而解，有才能的人可以脱颖而出，同时也可以“劝天下之学，育天下之才”，一举两得，善莫大焉。至于制举考试的内容，当以“六经”为先，正史次之，再命考生议论当今时务，指出问题，拟出对策。这样才能使士子“修经济之业，以教化为心”，成为辅佐朝廷的王佐之才。

这年七月，举行恢复制度后的第一次考试。三月间富弼往耀县（今陕西铜川耀州区）探视父亲，途经河中府，前去拜谒范仲淹。两人从应天府书院分手，倏忽数年，当年范仲淹的奖掖提携之恩富弼铭诸肺腑，终生难忘。两人寒暄之后，范仲淹说：如今朝廷恢复科制，七月份就要举行考试，你可不能错过机会。富弼诺诺应命。结果富弼中了茂材异等科，授将作监丞，签书河阳判官，从此走入仕途，扶摇直上，官至宰相。宋代官员调动频繁，范仲淹在河中府只一年时间，天圣九年（1031年）迁太常博士，通判陈州（治今河南淮阳）。太常博士只是个虚衔，官阶是从八品，掌管社稷、诸坛斋宫司乐等事。

范仲淹的实际职务是陈州通判。此时他已43岁，三子范纯礼于是年降生。陈州距京师不远，朝中有事，很快便可得知。刚至陈州，他听说京城中有些人升官不经过吏部而直接由太后降诏，认为此风不可长，应该制止。于是，他通过驿路上书，委婉地讲述了唐中宗时的一段故事：韦后与太平公主依仗权势，贪污纳贿，在宫廷侧门降墨敕，斜封交给中书授官，号称“斜封官”。殷鉴不远，应引以为戒。刘太后自然不会接受逆耳忠言，上书没有结果。

范仲淹在陈州还办了一件大事，就是把母亲安葬在河南府伊川县万安山下。为什么要埋在这里？这是因为，范仲淹之母谢氏已改嫁淄州长山人朱文翰，自然不能再与范仲淹生父合葬于苏州。谢氏如欲与朱文翰合葬，范仲淹却恢复了范姓，与朱家虽有往来，但没有血缘关系，洒扫祭祀多有不便，因而也不能葬于长山。范仲淹之所以把母亲的墓地选择在万安山，正如《范氏家乘》所说，这里“北倚黄花等山，南抱江左一河，崇（山）少（室山）峙其左，伊水绕其右，山重水复，气聚风藏”，是一块风水宝地。二程、邵雍死后也都埋葬于此。范仲淹上疏请求把转官恩泽移赠父母。他说：臣在襁褓之中父亲已逝，全赖兹母鞠养成人，母亲含辛茹苦抚育我 20 余载，如今臣虽入仕，但还未富贵，母亲便已驾鹤西去，大恩未报，日夜萦怀。请求把我磨勘后转官恩泽移赠父母，庶几迁葬之日，能够享受到朝廷所赠的荣誉。

所谓磨勘，即类似今日的考核。吏部每年都要勘验官员的劳绩过失，以决定其能否升迁官职。范仲淹出仕后兢兢业业、勤勤恳恳，磨勘升迁是肯定的，他把转官恩泽移赠给父母，一腔至诚，令人感动。后来范仲淹也长眠于此，在九泉之下陪伴母亲。

河中府是个人口稀少、农业不甚发达的郡县，但是百姓的徭役负担却很沉重。范仲淹甫到任，便觉察到这里民生凋敝，百姓苦于赋役的窘迫情况，于是在天圣八年（1030 年）十月又上疏朝廷，请求削减郡县数量，减轻百姓差役负担。

他说：天下郡县设得过于稠密，官吏人数太多，骚扰百姓，致使稼穑误了季节，田地收成不佳，因此边郡仓廪不满，百姓也未脱离贫困。汉光武皇帝刘秀立国之初，便合并天下400余县，裁减官吏十分之九，只剩余十分之一。今日要去掉冗官冗吏，让百姓富裕，就该效法光武帝。河中府所辖河东县有4000户，赋尚可忍受，河西县只有1900户，其中800余户处在乡村，县内摊派劳役一年340人次，其中190余人是从农村抽派，而河西县乡村中等户只有136户，因而服劳役之家困苦不堪，不能休息。依臣之见，河西县应当裁撤，并入河东县。这样做可以减少农夫差役，不误农时，五谷丰登，同时也可精减官吏人数，既可为政府节约一笔开支，又给百姓减轻了负担。

若干年后范仲淹推行庆历新政时提出的减徭役、并州县，便发端于此。以上这些利国利民的建议没有被皇太后采纳，但尚未亲政的仁宗却很欣赏范仲淹的胆识。

二、安抚江淮

明道二年（1033年），刘太后驾鹤西去，病笃之际，下懿旨尊杨太妃为皇太后，垂帘听政，与天子同议军国事。御史中丞蔡齐对执政大臣说：皇上春秋已长，熟悉国家情况，如今刚刚亲政，怎能使女后相继垂帘听政？执政无言以对。原来刘太后当年从李宸妃手中夺走仁宗时，便交给杨太妃抚养，杨太妃尽心呵护，仁宗才得以健康成长。刘太后为报当年之情，才在弥留之际说出升杨太妃为皇太后并垂帘听政的话。因事情重大，执政大臣不敢更改刘太后遗命。

仁宗是北宋较有作为的皇帝，他亲政之初，便斥逐那些靠阿谀奉承升为高官的奸邪之人，朝野上下一片颂扬之声。他知道范仲淹是公忠体国之人，把正在陈州任通判的范仲淹召回朝中任右司谏。宋朝初年设置左、右补阙与左、右拾遗，后来改左、右补阙为左、右司谏，职掌是凡朝政缺失、大臣至百官任用不当，均可进谏。还有一个叫林献可的官员，因上书请求皇太后还政于仁宗，惹得皇太后大怒，被贬往岭南瘴疠之乡，仁宗亲政，就把他调回朝中。原来被太后压抑的官员也陆续返回朝廷，有的还升了官职。不少人不满意刘太后垂帘听政时的措施，想翻当时旧案，于是群起诋毁刘太后。范仲淹认为不妥，上疏仁宗说，太后受先帝遗诏，庇护陛下10余年，纵然有过错，也应保全她的名声，不能因一眚而掩大德。仁宗大为感动，下诏说，皇太后庇护朕躬十有二年，恩莫大焉，望群臣务识大体，顾大局，不要过多指责一时之事，以慰朕躬孝思。范仲淹此举为政局稳定做出了贡献。

但范仲淹对杨太妃进位皇太后并同仁宗同议军国事提出异议，认为此举不妥。他上疏说：历史上没有因给太子当保姆而成为皇太后者，如今一个太后刚刚崩逝，又立一个太后，给天下人的印象是，陛下永远不能自立，时刻都要有母后庇护。皇太后称制极不妥当，此例一开，恐怕后世有效尤者。仁宗沉吟良久，知道范仲淹的话有道理，下诏给掌管礼仪的太常礼院，起草表文时，删掉遗诰中“同议军国事”五个字，只保留皇太后称号。这样，仁宗才实际亲政，成了名副其实的天子。

明道二年（1033年）七月，范仲淹除了右司谏这个头衔，还被任命同管勾国子监，也即参加国家最高学府的管理，但他的主要职责仍是谏诤。

这年，江淮、京东一带先是旱灾，又是蝗灾，禾稼枯焦，五谷不登，那些饥民流离失所，饿殍载道。范仲淹得知消息，请求朝廷派人巡视受灾地区，安抚灾民，但是朝廷迟迟没有答复。范仲淹愤而质问：宫廷中半天不吃饭，能够忍受吗？如今江淮、京东百姓家徒四壁，无米可炊，朝廷岂能坐视不管，不去救济？也许是范仲淹激愤之语触动了朝廷，这年八月，仁宗命范仲淹安抚江淮。范仲淹所到之处开仓济贫，禁绝淫祀，奏请减免庐州（治今安徽合肥）、舒州（治今安徽潜山县）的折役茶（以茶叶顶替差役）和江南东路的丁口盐钱。江淮饥民无粮可食，有吃一种叫乌昧的野草充饥者，范仲淹采挖几棵带回朝廷，请仁宗传示后宫，以戒奢侈之心。

接着他又上疏提出补救朝政弊端的八件事。他说：国家的财力有限，但挥霍起来却没有节制，国家怎能不穷？江淮诸路百姓除缴纳税粮外，朝廷又在两浙路籴粮 70 万石，东南数路合计不下二三百万石，因此这些地方虽是丰年，谷价也高，但百姓无粮可食。国家造船和雇用士兵搬运粮食的费用，全出自百姓，这是沉重的负担。我在淮南遇到 6 个羸弱疲惫的运粮士兵，他们说是从潭州（治今湖南长沙）征调来的，一行 30 人，挽着粮船去无为军（治今安徽无为县），一路上凄风苦雨，饥饿劳顿，死的死，逃的逃，如今只剩下 6 人。从这里到湖南还有 4000 余里，山水迢递，路远程赊，还不知能否安然回到故乡。由此可见，如此漕运不光是靡费钱财，还害得百姓家破人亡。为今之计，应裁减掉多余的士兵和官吏，惩罚那些游手好闲、不务正业之人，然后减免江淮等处漕运船只，百姓除上缴赋税外，可不再高价收购粮食，这样东南每年可节省国库开支几百万缗。尤其在真州建长芦寺更是弊政，工匠、役夫已消耗粮食 4 万斛（古代 10 斗为一斛，10 升为一斗），建房屋、塑神像又花销 30 万缗。这些钱粮如果分发给百姓，可以减轻他们的赋税负担；分发给官员，可以增加他们的俸禄；分发给士兵，就可以开疆拓土了。愿朝廷罢此不急之务，不再大兴土木，如此则国家幸甚！

有个叫吴遵路的官员，为人正直敢言。他任开封府推官时，适逢刘太后垂帘听政，这不符合礼制，但大臣们惧怕太后权势，不敢进谏。吴遵路却挺身而出，上疏进谏，言语切直，毫不避讳，刘太后一怒之下，把他贬为崇州（即通州）知州。吴遵路并不颓唐消沉，到任后便在苏州一带购买稻谷，以防备饥荒。不久，通州即发生了饥馑，吴遵路开仓放粮，救活了很多人，其他地方的饥民流离至此者，十之八九也都安然渡过了难关。其时范仲淹正奉诏安抚江淮，对吴遵路的作为赞叹不已，认为他继承了古代地方官关心民瘼的优良传统，请求朝廷把吴遵路救灾的事迹进行宣传，作为各州县学习效法的榜样，并交付史馆载入史册。从此，两人成为莫逆之交。庆历三年（1043年），吴遵路死于知永兴军（治今陕西西安）任上，他廉洁正直，死后家无余财，妻儿不免于冻馁，范仲淹拿出自己的俸禄周济他家。这种解衣推食的美德，获得了后世的好评。

范仲淹从江淮回到京城后，在这年年底又奏请天下诸郡县弓箭手凡服役满7年者，一律返乡归农，得到了朝廷批准。宋代的差役是个棘手的问题，弓箭手长期服役，耽误了耕耘田地，影响了社会安定，弓箭手返回乡村，对朝廷、对本人都是件好事。连这样细微的问题，范仲淹都考虑到了。

三、第二次被贬

吕夷简在真宗时当过宰相，仁宗亲政后，凡是依附过刘太后的大臣都遭到罢黜。仁宗信任吕夷简，凡是罢黜的人，都同他商量过。仁宗回到宫中，把罢黜的事告诉了郭皇后，郭皇后说：他吕夷简不是也依附太后吗？只不过他善于权变，掩饰得好而已。仁宗于是也罢了吕夷简的宰相之职，贬往陈州。不久，又把他召回朝中，仍任宰相。宋绶任参知政事，协助吕夷简处理政务，范仲淹的至交蔡齐任枢密副使。

明道二年（1033年）十二月，朝廷发生了一件大事，仁宗欲废黜郭皇后，许多大臣上疏谏止，触怒龙颜，范仲淹也卷入了这场风波。景祐元年（1034年）正月，范仲淹被贬往睦州（治今浙江建德），这已是他仕途生涯中第二次遭到贬谪了。

原来仁宗喜欢张美人冰肌玉骨、绰约多姿，欲立为皇后，但刘太后嫌她出身寒微，不能母仪天下，逼仁宗立郭氏为皇后。仁宗虽不敢违拗，心中却存有芥蒂，对郭皇后颇为冷淡。宫中的尚美人、杨美人见仁宗疏远郭皇后，也跟着落井下石，对她出言不逊。一日，尚美人公然在仁宗面前诋毁郭皇后，郭皇后不禁怒从心头起，伸手打尚美人之颊，不料仁宗上前救护，郭皇后一巴掌误拍在了仁宗颈上。堂堂天子竟然被劈打颈项，仁宗当下便暴跳如雷，拂袖而起，有废后之意。内侍副都知阎文应推波助澜，让朝中大臣观看仁宗被误打之处。

宰相吕夷简今见郭皇后落难，欲报当年之仇，也力主废黜皇后。吕夷简为堵人之口，先命令有司不得接受台谏章疏，右司谏范仲淹、权御史中丞孔道辅等只得到垂拱门伏奏皇后不可废，愿天子赐对以尽其言，而守护殿门者却阖扉不开。孔道辅叩铜环大呼：皇后被废，奈何不听台谏之言！仁宗恐怕事情闹大，下诏让宰相吕夷简晓谕范仲淹以皇后当废之状。范仲淹等表示，人臣之于帝后，比如子女侍奉父母，父母不和，应当劝说，不应顺从父亲之意休弃母亲。吕夷简则说：废黜皇后并非始于今日，古代即有成例。范仲淹、孔道辅说：宰相不过是援引汉光武帝故事而已，光武帝废郭皇后乃失德之举，何足效法？吕夷简语塞，让范仲淹等见天子面折庭争，却又悄悄上奏仁宗：台谏伏阁请对，非太平时期美事，应将范仲淹、孔道辅等逐出朝廷。第二天，仁宗便下诏贬范仲淹知睦州、孔道辅出知泰州，其他人罚铜 20 斤，又派人押范仲淹、孔道辅出城。诏书来得如此突兀，范仲淹还未来得及伏阙上书，便被逐出了朝廷。这年他 46 岁。

“欲为圣明除弊事，肯将衰朽惜残年。”范仲淹挺身而出为皇后说项，是他性格使然，他自己就说：“宁鸣而死，不默而生。”既然废黜皇后不合乎情理，身为谏官的他自不能缄口不言，即使遭到贬谪，他也无怨无悔。将作监丞富弼上疏说，郭皇后自居中宫，不闻有过，忽然废斥，物议沸腾，陛下不能守祖宗之训，而有废皇后之事，治家尚且如此，怎能治理天下？范仲淹身为谏官，进谏乃其职责所在，所谏不当，也须含忍，何况范仲淹所谏大惬亿万人之心，陛下因私愤而不顾公议，取笑于天下，臣为陛下不取。奏疏递了上去，却是泥牛入海，毫无消息。郭皇后终于没有逃脱被废的厄运，仁宗封她为净妃、玉京冲妙仙师，赐名清悟，居住长乐宫，后又迁居瑶华宫，赐号金庭教主、冲静元师。晨钟暮鼓，黄卷青灯，开始了她以泪洗面的日子。

范仲淹虽遭贬谪，但并不颓唐，他知道伴君如伴虎，逆龙鳞而被贬谪是历朝历代司空见惯之事，天圣七年（1029年）就因谏止仁宗率百官为章献太后上寿，他被贬通判河中府，那年41岁，这次被贬，他已是处变不惊了。尽管如此，忠心匡辅社稷竟落个贬谪的结局，仍使他感慨系之，于是一首《谪守睦州作》的五律从他笔端淌出：

重父必重母，正邦先正家。
一心回主意，十口向天涯。
铜虎恩犹厚，鲈鱼味复佳。
圣明何以报？没齿愿无邪。

仔细审读这首诗，不难发现范仲淹当时极为复杂矛盾的心情。首联说父母不分轩轾，同样重要，欲使国家政治清明，国泰民安，必须先从治家入手，家不能治，遑论治国！正是这个原因，范仲淹才甘冒斧钺之诛谏止仁宗废黜郭皇后。颔联说他本意是希望仁宗回心转意，不料换来的却是自己一家十口贬谪天涯，真叫人欲哭无泪！颈联说天子皇恩浩荡，自己虽遭贬谪，仍被授予了铜虎符，担任知州之职，而睦州又盛产鲈鱼，在这里当地方官，未必是一件坏事。这两句诗其实是说“天子圣明，臣罪当诛”。如此沉重的话题，范仲淹却以调侃的形式说出，可以看出他的辛酸与无奈。尾联则说自己要终身恪守官箴，以报答天子的知遇之恩。读罢这首诗，一个刚正不阿、忧国忧民的古代官吏形象呼之欲出。

睦州又称桐庐郡，离京城汴梁山水迢递，有数千里之遥。范仲淹携妇将雏，由汴梁先到项城（今河南沈丘县槐店集），然后弃车登舟，沿颍河、淮河、钱塘江、富春江南下。他在《与晏尚书》信中写道："伏自春初至项城，因使人回，草草上谢。由颍、淮而下，越兹重江，四月几望，至于桐庐。"景祐元年（1034 年）正月，从京城出发，直至四月十五日前后抵达桐庐，旅途长达 3 个月之久。3 个月之中，固然有天高云淡、风和日丽之时，但也有波诡云谲、浊浪排空、舟楫险遭倾覆的困境。

他的《赴桐庐郡淮上遇风三首》是他旅途生活的写照，其中有句："舟楫颠危甚，蛟鼋出没多"；"一棹危于叶，傍观亦损神"。一叶扁舟在惊涛骇浪中颠簸，时时有葬身鱼腹之险，让人提心吊胆。"妻子休相咎，劳生险自多。商人岂有罪，同我在风波。"范仲淹被贬，妻子也跟着受到连累，浪迹天涯，生死未卜，妻子在船上未免唠唠叨叨。范仲淹安慰她：人生在世，风波甚多，你看船上的商人，他并未受到贬谪，不是也饱尝风狂浪恶之苦吗？妻子这才无话可说。范仲淹是胸怀坦荡、豁达大度之人，即使在危若累卵之时，他也镇定自如，一旦风平浪静，便又欢忭如初了。"斜阳幸无事，沽酒听渔歌。"悠然陶然，他何曾把贬谪之事放在心上！

从某种意义上说，范仲淹贬谪睦州并非一件坏事。

首先，他在朝廷不过是一个因人成事的谏官，而出任独当一面的地方官，则使他有机会观察百姓疾苦，做出勤政爱民之举。

其次，宋代官员贬谪之地多是荒凉偏僻的瘴疠之乡，如寇准、秦观、苏辙贬雷州，苏轼贬儋州，黄庭坚贬黔州……而范仲淹所贬的睦州则是物产丰饶、山水秀丽之地。发源于安徽休宁县的新安江进入浙江后，经淳安、建德，于建德梅城与兰江交汇，而后流入富春江、钱塘江，两岸风光旖旎，如诗如画，引来许多骚人墨客争相吟咏。南朝文学家吴均在著名的《与宋元思书》中说："风烟俱净，天山共色"，"奇山异水，天下独绝”。李白的《清溪行》云：“借问新安江，见底何如此。人行明镜中，鸟度屏风里。”孟浩然的《宿建德江》说：“移舟泊烟渚，日暮客愁新。野旷天低树，江清月近人。”白居易出任杭州刺史时，曾到睦州新安拜访诗人皇甫湜，并有诗云：“孟夏爱吾庐，陶潜语不虚。花樽飘落酒，风案展开书。邻女偷新果，家僮漉小鱼。不知皇甫七，池上兴何如。”曾被贬为睦州司马的唐代诗人刘长卿的《碧涧别墅喜皇甫侍御相访》云：“荒村带返照，落叶乱纷纷。古路无行客，寒山独见君。野桥经雨断，涧水向田分。”（碧涧是刘长卿的别墅，在睦州城东 3 里处。）任过睦州刺史的唐代大诗人杜牧在《睦州四韵》中写道：“有家皆掩映，无处不潺湲。好树鸣幽鸟，晴楼入野烟。”这些描绘睦州山川的诗篇，想必范仲淹已耳熟能详，而范仲淹赴睦州途中，正是江南三月、莺飞草长的季节，他不禁诗兴大发，笔走龙蛇，一气写成了《出守桐庐道中十绝》，直抒胸臆，表达了他的忧国忧民之情。“雷霆日有犯，始可报君亲。”作为谏臣，虽触君王雷霆之怒，但谏诤才是报答君王恩德的良方。“君恩泰山重，尔命鸿毛轻。一意惧千古，敢怀妻子荣。”君恩如山，个人性命轻如鸿毛，该进谏时一定进谏，从不畏首畏尾，至于妻子的荣辱，只好弃之不顾了。“妻子屡牵衣，出门投祸机。宁知白日照，犹得虎符归。”因谏诤被贬，妻子牵衣而啼，谁知祸福倚伏，又得到了知睦州的虎符。“万钟谁不慕，意气满堂金。必若枉此道，伤哉非素心。”人人都歆羡高官厚禄，但若枉道求取，岂不伤了我这颗清白之心。“素心爱云水，此日东南行。笑解尘缨处，沧浪无限清。”“谪官却得神仙境”（范仲淹《和葛闳寺丞接花歌》），此时的范仲淹心旷神怡，完全陶醉在沿途的山光水色中了。

景祐元年四月中旬，范仲淹抵达睦州，征尘未洗，便按照惯例写《睦州谢上表》，表示“臣非不知逆龙鳞者掇齑粉之患，忤天威者负雷霆之诛，理或当言，死无所避”。只要谏诤合理，即使粉身碎骨也在所不顾，范仲淹真是一身铮铮硬骨！他自己身处逆境还为郭皇后求情："乞存皇后位号，安于别宫，暂绝朝请。选有年德夫人数员，朝夕劝导，左右辅翼，俟其迁悔，复于宫闱。"可惜的是，言者谆谆，听者藐藐，郭皇后抱憾终天，至死未能再入宫闱。

宋人楼钥的《范文正公年谱》云："景祐元年甲戌，年四十六。是岁春正月，出守睦州……夏六月壬申，徙苏州。"据此记载，范仲淹只在睦州住了三个月。有人说，虽然朝廷有诏让他徙苏州，而范仲淹以苏州是祖籍地为由"别乞一郡"，朝廷于是改知明州（治今浙江宁波），但有司考虑他曾在泰州治水有方，而苏州也常患水灾，要求朝廷维持原议，"九月，诏复知苏州"，范仲淹在睦州盘桓至十月才前往苏州。即使按十月计算，范仲淹在睦州任上也只有半年。而范仲淹离京时正患肺病，但他并不放在心上，把贬谪之所当成疗疾的去处。在《与孙元规》的信里也说："待制吾兄：某伏自东南之役（指贬谪睦州），不复奏记于诸公，诚以久劳之人，且欲晏息尔。……肺疾未愈，赖此幽栖。江山照人，本无他望，以此为多。"说是要借贬谪之机在睦州憩息疗疾，但忧国忧民的范仲淹怎能悠游山水，无所事事？他在给恩师晏殊的《与晏尚书》中写道："某罪有余责，尚叨一麾（指任职睦州），敢不尽心，以求疾苦？二浙之俗，躁而无刚。豪者如虎，示之以文；弱者如鼠，存之以仁。吞夺之害，稍稍而息。"甫至睦州，他已对这里的风土人情了如指掌，"敢不尽心，以求疾苦"，这才是他内心的真实写照！

光阴弹指过，数月一瞬间。范仲淹在睦州充其量不过半年时间，在这短暂的日子里，他办了两件大事：一是兴建书院，二是修建严先生祠堂。

兴建书院，陶育莘莘学子是范仲淹最为惬意的事，凡是他足迹所到之处，无不书声琅琅，弦歌不辍。在睦州兴建书院，为的是改变那里"豪者如虎""弱者如鼠"的状况。豪者之所以如虎噬人，是因为缺少教养，要使他们懂得做人之道，就要“示之以文”，因此必须兴建书院。于是他“延见诸生，以博以约”，并创办了龙山书院。敦聘著名学者李觏为“讲贯”。李觏，字泰伯，范仲淹写的《与李泰伯》是一段情真意切的文字：

> 某顿首秀才仁弟：别来倾渴无已，想至仙乡，拜庆外无恙。此中佳山水，府学中有三十余人，阙讲贯，与监郡诸官议，无如请先生之来，必不奉误，诚于礼中大有请益处。至愿！至愿！……此地比丹阳又似闲暇，可以卜居，请一来讲说，因以图之，诚众望也。

请李觏卜居睦州，让他心无旁骛、专心致志地在龙山书院讲学，范仲淹可谓用心良苦！

修建严先生祠堂是范仲淹的又一惊人之举。严先生即严子陵，东汉初年会稽余姚人，本姓庄，因避汉明帝刘庄之讳改姓严，单名光，字子陵。他与光武帝刘秀有同窗之谊，曾为刘秀夺取天下出谋擘画。刘秀登基后，严光功成身退，隐居林泉，垂钓富春江畔。刘秀深知严光有经天纬地之才，欲治国平天下，此人不可或缺，于是命人画严光肖像，到处张挂。一日，有人禀报有一男子披羊裘垂钓泽中，刘秀知是严光，遣使聘之，往返三次，严光才勉强来到京师洛阳。司徒侯霸与他是故旧之交，派人送去一封书信，说得知你至京师，本欲立即造访，但因公务丛脞，

严先生祠

待日暮后前往。严光只给他简单回了几句话：“君房足下，位至鼎足，甚善。怀仁辅义天下悦，阿谀顺旨要领绝。”以仁义之心辅佐天子，天下人皆高兴，如果一味阿谀奉承君王，可能会受到腰斩折颈的刑罚。侯霸把书信交给了刘秀，刘秀降尊纡贵，亲自前往劝说。严光说：“昔唐尧著德，巢父洗耳，士故有志，何至相迫乎！”刘秀无法，只得升舆而去。几天之后刘秀再次前往，二人从容讨论治国之道，刘秀问他：“朕何如昔时？”严光对曰：“陛下差增于往。”谈至夜阑更深，二人抵足而眠，严光睡梦中把脚放在了刘秀肚子上。次日太史上奏，有客星犯御座，刘秀莞尔一笑说，我与故人严子陵共卧一榻，何须惊慌！当下便封严光为谏议大夫。但严光不为所动，仍耕钓于富春山中，后人称其垂钓处为严陵濑。严光垂钓处位于今浙江省杭州市桐庐县城 15 公里的富春山麓，这里峰峦耸翠，碧波万顷，是富春江风景极美之地。严光啸傲烟霞，视功名富贵如草芥，的确有他的过人之处，范仲淹敬重他，也就在情理之中了。“世祖功臣三十六，云台争似钓台高。”在范仲淹看来，刘秀在云台阁为 36 名开国功臣画像对后世的影响，却抵不上严光隐居于钓台！

严子陵祠在唐代就已出现，到了宋代已经颓圮荒凉，范仲淹在就任睦州地方官后，便把祠堂修葺一新，以表达对严子陵的仰慕之情。他先是派部下章岷修建祠堂，建成后又召会稽僧人悦躬画严光像张挂堂中。在《留题方干处士旧居》一诗的题词中说：“某景祐初典桐庐，郡有七里濑，子陵之钓台在。而乃以从事章岷往构堂而祠之，召会稽僧悦躬图其像于堂。”在《与邵餗先生》的信中又说：“暨抵桐庐郡，郡有严陵钓台，思其人，咏其风，毅然知肥遁之可尚矣。能使贪夫廉，懦夫立，则是有大功于名教也。构堂而祠之，又为之记，聊以辨严子之心，决千古之疑。”他写这封信的目的，是想请邵餗为祠堂篆额，好使严光的高风亮节垂于后世。范仲淹还豁免了严光后裔四家的赋税，让他们守护祠堂。办完这些事，范仲淹意犹未尽，写了一篇力透纸背、至今仍传诵不已的《桐庐郡严先生祠堂记》。在这篇短文中，他称赞严光：

> 盖先生之心，出乎日月之上；光武之器，包乎天地之外。微先生，不能成光武之大；微光武，岂能遂先生之高哉？而使贪夫廉，懦夫立，是有大功于名教也。某来守是邦，始构堂而奠焉。乃复其为后者四家，以奉祠事。又从而歌曰：云山苍苍，江水泱泱，先生之风，山高水长。

说严光所作所为使贪夫廉、懦夫立，说他的品格山高水长，可谓褒奖到了极致。严光本是一个隐士，千百年来靠着范仲淹这一篇祠堂记而声名远播，享誉千秋，范仲淹文字感染力之强，由此可见一斑！

据说范仲淹写成《桐庐郡严先生祠堂记》后，曾拿给李觏看，李觏叹服之余，对文末四句建议说："'云山江水之语，于义甚大，于词甚博，而德字承之（范仲淹原文是'先生之德'），乃似碌碌，拟换作风字，如何？'公凝坐颔首，殆欲下拜。"（《范仲淹全集·言行拾遗事录》卷第一）把"德"字改成"风"字，一字之改，意境全出，无怪乎范仲淹"殆欲下拜"了。

公余之暇，范仲淹喜欢睦州的一草一木、一丘一壑。他在《与晏尚书》中说，睦州"有严子陵之钓石，方干（唐代睦州诗人）之隐茅。又群峰四来，翠盈轩窗……白云徘徊，终日不去。岩泉一支，潺湲斋中。春之昼，秋之夕，既清且幽，大得隐者之乐，惟恐逢恩，一日移去"。在范仲淹笔下，睦州是阆苑仙葩、蓬莱瀛洲，他愿徜徉于青山绿水之间，担心有一日朝廷把他调往别郡。

在《与王状元》中说，睦州"重江乱山，目不可际"；在《与孙明复》中说，"某至新定（即睦州），江山清绝"。睦州的奇山异水，使范仲淹逸兴遄飞，妙笔生花，于是脍炙人口的《潇洒桐庐郡十绝》在他笔下一挥而就。他写环境的清幽："劳生一何幸，日日面青山。""不闻歌舞事，绕舍石泉声。”写自己的悠然自得：“潇洒桐庐郡，公余午睡浓。人生安乐处，谁复问千钟。”“使君无一事，心共白云空。”写百姓生活的闲适：“潇洒桐庐郡，千家起画楼。相呼采莲去，笑上木兰舟。”写渔翁打鱼的乐趣：“潇洒桐庐郡，清潭百丈余。钓翁应有道，所得是嘉鱼。”宋人王十朋在其《梅溪先生文集·潇洒斋记》中说，范仲淹“诗言志，公所至以潇洒见于诗章，则胸中之潇洒可知也”。他喜欢饮酒：“杯中好物闲宜进，林下幽人静可邀。”（《桐庐郡斋书事》）也喜欢和幕僚章岷、阮逸等游乌龙山：“异花啼鸟乐，灵草隐人知。”（《游乌龙山寺》）登承天寺竹阁：“僧阁倚寒竹，幽襟聊一开。”（《和章岷推官同登承天寺竹阁》）观渔子陵滩畔：“子陵滩畔观渔钓，无限残阳媚绿蒲。”（《依韵酬周骙太博同年》）他又走访了唐代诗人方干旧居，方干子孙至宋代尚有穿儒服读书者。方干的裔孙方楷进士及第，范仲淹赠诗曰：“风雅先生旧隐存，子陵台下白云村。唐朝三百年冠盖，谁聚诗书到远孙。”（《留题方干处士旧居》）同时画了方干像，挂于严先生祠堂东壁，方楷则请求将范仲淹的这首诗置于画像右侧，范仲淹自然同意。

在睦州的半年，是范仲淹仕途生涯中最为惬意的日子。他的诗不但数量多，而且清新流丽，意味隽永。他的《和章岷从事斗茶歌》写睦州盛产茶叶：“溪边奇茗冠天下，武夷仙人从古栽。”写茶树的葳蕤茂盛：“露芽错落一番荣，缀玉含珠散嘉树。”写茶农焙茶的过程：“研膏焙乳有雅制，方中圭兮圆中蟾。”写茶叶的身价：“长安酒价减千万，成都药市无光辉。”范仲淹写得如此细腻，可与唐朝诗人卢仝的《谢孟谏议试茶歌》相媲美。

他的另一首《和葛闳寺丞接花歌》写一个从京城沦落至江南的种花人的遭遇。全诗写得荡气回肠，与白居易的《琵琶行》前后辉映，堪称双璧。诗中叙述一个在京城琼林苑中栽种花卉的花匠，有“神仙接花术”，培育出“奇芬异卉”百余种，每逢花开季节，京城便姹紫嫣红，香气氤

范公祠

氲。但不幸得罪权贵，只身被贬谪江南：

窜来江外知几年，骨肉无音雁空度。
北人情况异南人，萧洒溪山苦无趣。
子规啼处血为花，黄梅熟时雨如雾。
多愁多恨信伤人，今年不及去年身。
目昏耳重精力减，复有乡心难具陈。

听罢此人的叙述，范仲淹想起了自己也是贬谪之身，大有“同是天涯沦落人，相逢何必曾相识”的感慨。但是他随遇而安，不把厄运放在心上：“人生荣辱如浮云，悠悠天地胡能执？”“自可优优乐名教，曾不恓恓吊形影。”他期待着栽花匠会遇赦返乡：“一日天恩放尔归，相逐栽花洛阳去。”这是一首不可多得的好诗。

即使是信手拈来之诗，范仲淹也写得清新流丽，如《江上渔者》：“江上往来人，但爱鲈鱼美。君看一叶舟，出没风波里。”往来新安江上的人，只知道鲈鱼的味道鲜美，但你可知那些捕鱼的人，驾着一叶扁舟，出没在惊涛骇浪之中，何等惊险，何等辛劳！从渔夫身上联想到百姓疾苦，这种民胞物与精神，真是难能可贵！

景祐元年十月，范仲淹移知苏州。睦州百姓修建了思范坊、思范堂、思范亭、潇洒楼、范公祠等建筑来表达对这位贤太守的怀念之情。

四、苏州治水兴学

景祐元年（1034 年）六月，范仲淹奉调苏州，回到了桑梓之邦，这大大出乎他的意料。他在《移苏州谢两府启》中说，虽然是贬谪去了睦州，但报国热忱丝毫不减，好比鹤在隐藏不露的地方仍然鸣叫，好比鱼在水中遨游乐趣无穷。我在这里政务之暇，优游岁月，远离朝廷，朋友之间也往来不多，想不到蒙上司眷顾，把我调到了大郡苏州。苏州是我的故乡，宗族的人会以我为荣，地方士绅对我也会另眼看待了。因此我更应该黾勉王事，不敢懈怠。

范仲淹到达苏州时，正值那里暴雨连绵，江河漫溢，苏州成了水乡泽国，农田被淹，稻谷绝收，多少家农户家徒四壁，炊烟不举。范仲淹忧心如焚，到处查看灾情。苏州一向富庶繁华，是鱼米之乡，但它西濒太湖，东靠大海，东北是扬子江，东、西、北三面地势略高，中间低洼，容易积水成灾。范仲淹上书朝廷，提出疏浚五河，引导太湖之水入海的方案，很快得到批准。于是他组织灾民疏浚了白茆、福山、浒浦、奚浦、三丈浦以及茜泾、下张、七丫等地的港浦，使诸邑之水东南入于松江，东北流入扬子江与大海，初步控制住了水患。但范仲淹到苏州尚不足两月，治理水患刚有点头绪，朝廷却又一道圣旨，把他调到明州。

原来苏州乃范仲淹的“祖祢之邦”，也即祖先埋葬骨殖的地方，本地人在本地做官，有许多不便，需要避嫌，故而他请求迁往别处。时任江南东路转运使的是蒋堂，他深知范仲淹是脚踏实地的办事之人，如果要彻底治理苏州水患，自然非他莫属。于是请求朝廷留任。朝廷允如所请，令范仲淹心无旁骛，专注苏州之事。这样，范仲淹又留在了苏州。

范仲淹深知，疏浚河道只是治理苏州水患的第一步，因为新开的河道随时会被扬子江的潮汐流沙淤塞，而要控制流沙，必须设置闸门。他说，新开之河一定要设闸，平时关闭，可抵御潮水带来的泥沙，荒旱之年可蓄水灌溉田地，有涝灾时可开启闸门，把水排入江河中，消除水患。范仲淹在福山设的闸，至今遗址尚存，人称范公闸。

同时他还主张修圩，即修筑圩田。因为苏州的大部分土地地势低洼，乃是沼泽之地，修筑圩田才能抵御旱涝灾害。庆历年间，范仲淹在《答手诏条陈十事》中的“厚农桑”一目中，详细阐释了圩田的作用：“江南旧有圩田，每一圩方数十里，如大城。中有河渠，外有门闸。旱则开闸引江水之利，涝则闭闸拒江水之害，旱涝不及，为农美利。”范仲淹提出的浚河、置闸、修圩三原则，妥善解决了旱涝灾害，使太湖下游的沼泽不毛之地变成了重要的粮仓。范仲淹功不可没。

范仲淹鞠躬尽瘁，把全部精力用于消弭水患之时，却有人横加指责，提出非议，以至于宰相吕夷简也表示关切了，范仲淹不得不给吕夷简写信，为治水辩护。他说：如今要办成一件事，便有人出来表示反对，如果朝廷不出来做主，守土之人便缩手缩脚，不敢有所作为，动辄得咎，谁还肯为朝廷办事呢？比如苏州治水，有人说这么大的工程耗费民力，又消耗粮食，不合算。实际情况是：东南之田只产稻谷，大水一来，秋收无望，水灾之后，必有疾疫，人多饿死、病死。如能疏通江河，治水有效，稻谷丰收，百姓不因饥饿而死，岂不善哉？还有人说，治水工程浩大，民夫既多，必然耗费更多粮食，导致国库空虚。这种说法也似是而非。

苏州常年患水灾，治水势在必行。即使在丰收之年，每年春季征集10000名民夫治河，每人一日消费3升米，一月之期用米9000石。如在荒歉之年，征集民夫服役，每人一日消费5升米，作为赈济，一月用米1.5万石。两相比较，既赈济了无食农民，又治理了水患，两全其美，怎能说多浪费了粮食？由此看来，负责漕运的官员及东南各地方的州郡的长官，应该挑选尽心尽力的人担任，不可以按寻常资格除授。若用人不当，恐怕事倍功半，不但给朝廷带来麻烦，而且东南地区也可能不会成为粮仓了。

公务之暇，范仲淹还热心教育事业。他莅任苏州伊始，当地士绅朱公绰便向他请求办学，范仲淹当即上报朝廷，朝廷同意设立苏州郡学，并拨田 5 顷，作为建校的经费。1 顷地合 100 亩，500 亩地今天看来是不小的数目，但在宋代要建设一所像样的郡学，建校舍、购设备、聘师资却远远不够，范仲淹又慷慨解囊，捐出了自己南园的土地作为校舍。

南园原是五代十国时吴越国王钱镠之子元璙的别墅，园内溪水淙淙，绿树成荫，环境清幽，是居住憩息的绝佳之地。到了北宋中叶，钱氏家族已经没落式微，这块地便卖给了知苏州的范仲淹。范仲淹正打算建房卜居，得知办学经费不足，当即决定把这块地捐献给郡学。一位熟悉风水的阴阳家对范仲淹说，此园乃风水宝地，明公千万不能转手。范仲淹问，道理何在？阴阳家说，我已考察过此地风水，明公若卜居于此，当会世世代代诞生公卿，贵不可言。范仲淹莞尔一笑说，与其我家世世代代诞生公卿，何如天下优秀士子都在这里读书受教育，将来公卿岂不更多？当即在南园建学。学校建成后，规模宏大，大成殿、公堂、泮池、斋室，一应俱全。有人说，这个学堂占地太多，房屋太大，如果没有那么多生员，岂不是浪费？范仲淹笑笑说，你这是杞人忧天，我还怕规模太小，容纳不了那么多学生呢！事实证明了范仲淹的判断。苏州郡学即今日之苏州中学，岁月悠悠，历经将近 10 个世纪的风风雨雨，当年的大成殿、泮池等建筑依然完好，保存着当年的风貌。

要办好学校，聘请满腹经纶的教席是当务之急。范仲淹首先想到了他在应天府书院曾经资助过的孙明复，给他写信说，足下还不曾来过这里，如能枉驾前来，在苏州郡学“讲贯经籍，教育人材，是亦垂先生为政，买山之图，其在中矣”。所谓“买山”是指归隐。这是说，如果孙明复愿意长期在苏州讲学，你将来致仕归隐之处，我都替你筹划好了。可惜此时孙明复正漫游河朔，未能应命前来。范仲淹于是又聘请了宿儒胡瑗。胡瑗办学认真，制定了很多学规，让学生遵守。也许是学规过于严厉，使学生无所措手足，不少生员不遵守教诲，师生间往往产生矛盾。范仲淹得知此事，便命他年未弱冠的儿子范纯祐入学读书，列于诸生之末。范纯祐循规蹈矩，凡胡瑗制定的学规他都悉心遵守，不逾越雷池一步。其他生员见太守儿子率先垂范，凛遵不误，也都不敢放肆了。从此苏州郡学声名鹊起，名甲东南，清朝道光年间的《苏州府志》就说："天下郡县学莫盛于宋，然其始亦由于吴中。盖范文正以宅建学，延胡安定为师，文教自此兴焉。"《吴郡志》一书说，自苏州郡学创办以来，弦歌不辍，人才辈出，终北宋之世，苏州共出进士159人。明人王锜在《寓圃杂记》一书中说："吾苏学宫，制度宏壮，为天下第一，人才辈出，岁夺魁首。"

范仲淹在苏州时间不长，只有一年零四个月，却把苏州变成了经济富庶之区，人文荟萃之地，利在当时，泽被后世，成为一段历史佳话。

范仲淹是政治家，也是诗人，他的家乡苏州风光旖旎，山河壮丽，他兴会淋漓，诗情坌涌，挥毫展笺，抒发情怀，《苏州十咏》便写于此时。如《洞庭山》：

吴山无此秀，乘暇一游之。
万顷湖光里，千家橘熟时。
平看月上早，远觉鸟归迟。
近古谁真赏，白云应得知。

洞庭山一名包山，即今江苏苏州吴中区西南太湖中的西洞庭山。范仲淹忙里偷闲，游览洞庭山，但见碧波万顷，月光粼粼，漫山遍野的橘子果实累累，压弯枝头。贪看山中景色，不觉月已爬上树梢，倦鸟迟迟归来，好一幅浓墨重彩的山水画卷！写虎丘山环境清幽，人烟辐辏："幽步萝垂径，高禅雪闭庵。吴都十万户，烟瓦亘西南。"写观风楼山川锦绣，农家欢声笑语："山川千里色，语笑万家声。"写伍子胥丹心报国、英灵不泯："直气海涛在，片心江月存。"写吴王夫差的离宫灵岩寺，当年吴越相争，干戈不绝，如今已是荒烟蔓草，成为鸟兽出没之地："越相烟波空去雁，吴王宫阙半啼猿。"无论是写人还是状物，都恰到好处。

苏州远离京阙，范仲淹还系念着他的恩师晏殊，写了《依韵奉酬晏尚书见寄》《又用前韵谢晏尚书以近著示及》两诗，感谢他当年的提携之恩。

他还到吴县天平山范氏祖茔祭奠了父亲和范氏祖先，把自己读书之处命名为"岁寒堂"，取孔子说的"岁寒，然后知松柏之后凋也"之义，意思是永远记住祖宗的恩泽，并写了《岁寒堂三题（并序）》，即《岁寒堂》《君子树》《松风阁》三首诗。他把岁寒堂旁边的松树命名为"君子松"，松树旁边的阁叫"松风阁"。他说松树"可以为友，可以为师"。如能保持松树那样的清白，就能远离耻辱；保持松树那样的坚韧，就不会软弱没有骨气；保持松树那样的凛然正气，就会成为忠义之人；保持松树那样的声望，就可美名远扬。有松树这样的秉性，就可成为一个道德高尚的人。其实范仲淹就是一棵坚韧挺拔、百折不挠的松树。

五、第三次被贬

范仲淹在苏州治水、兴学，成绩斐然，名播遐迩，很快便传到了朝廷，一道诏书把他调回京城，任尚书礼部员外郎、天章阁待制，判国子监。

宋朝的官制复杂，官职与实际任职并不统一。尚书礼部员外郎是他的官阶，没有职掌，只是用来表示发放俸禄的标准，按宋代制度，月俸为三十千钱。天章阁待制是授给文官的一种馆阁职名，品级是从四品。待制以上的官员是朝廷侍从，可备顾问，参议朝廷大政。天章阁是收藏宋真宗御书、御制文集、典籍图画之地，天章阁待制也是馆职。范仲淹有了“待制”这个头衔，意味着他已进入高级官员行列。范仲淹的实际职务是判国子监，即管理全国的最高学府。只有七品以上官员的子弟才可入学。

范仲淹调回京城，是在景祐二年（1035年）三月，十一月间便发生了已被废黜的郭皇后猝死事件。

原来郭皇后被废黜后，尚、杨两位美人颇受仁宗宠爱，但淫乐过度，弄得身体羸弱，饮食大减，朝中大臣皆归罪于两位美人，杨太后也持此说，但仁宗不想驱逐二人出宫，迟迟没有下文。宦官闫文应早晚都侍从仁宗，言之不已，仁宗不胜其烦，答应把两位美人逐出宫掖。闫文应便用毡车载两人出宫，两人涕泪满面，不肯上车，闫文应恼羞成怒，狂抽两人耳光，大骂说，你二人不过是宫中奴婢，今日还有何话说？强迫两人登车而去。

郭后既废，中宫不可久虚，有人建议立寿州（治今安徽凤台县）茶商陈氏女为后，遭到大臣们一致反对，后来立开国元勋曹彬孙女曹氏为皇后。其实，郭皇后被废乃仁宗一时之愤，加上宦官闫文应的挑唆，仁宗才下了废后之诏，不久便感到后悔，但木已成舟，覆水难收，不便收回成命，只得如此。

郭后被废后，居住瑶华宫，仁宗多次派人慰问，并写了《乐府辞》送给她，郭后也有诗赓和，写得凄凉哀婉，催人泪下。闫文应得知这一情况后，大为惊慌，倘仁宗与郭后和好，自己必死无疑，于是便寻找机会置郭后于死地。不久，郭后偶然患病，闫文应奉命召太医诊治，郭后所患不过是疥癣之疾，本无大病，但数天之后，突然呜呼哀哉，撒手尘寰。朝臣都怀疑是闫文应下的毒，但没有证据。仁宗悲痛之余，下诏以皇后之礼安葬。

闫文应平日目无大臣，飞扬跋扈，甚至假传圣旨，连执政大臣都唯唯诺诺，不敢违抗，朝中公卿对闫文应恨之入骨，却又无可如何。范仲淹挺身而出，上疏历数闫文应之罪。他知道闫文应是仁宗宠爱之人，此人又与宰相吕夷简过从甚密，要扳倒他须冒极大风险，弄不好会丢掉性命。范仲淹上疏之后，便不再饮食，并嘱咐长子说：我此次上疏弹劾闫文应，是要清君侧，去奸佞小人，如果天子不纳忠言，我必死无疑。我死之后，尔等不必再做官，在我的坟墓旁结庐度日吧！几个儿子都含泪应命。

仁宗看了范仲淹的疏文，不禁抚膺长叹，心潮难平。他和郭皇后本无太大龃龉，当年将她逐出宫，实在是孟浪操切，如今郭皇后又不明不白地死去，闫文应难辞其咎。他也风闻闫文应平日狐假虎威，作恶多端，如不惩处，难以服众，于是一道诏书把闫文应贬谪出朝。至于闫文应的下落，有的说他被贬岭南，死于途中；有的说他被贬往相州（治今河南安阳），后来悄然死在那里。总之，此人罪有应得，死有余辜。

范仲淹胸无城府、遇事敢言的性格，使宰相吕夷简忐忑不安。他与闫文应沆瀣一气，废黜郭皇后，闫文应虽死，安知范仲淹不会寻根究底，旧事重提，把自己也牵连进去？于是派人暗示范仲淹说：你现在的身份是待制，是天子的侍从大臣，上疏弹劾别人，不是你的职责，请你谨言慎行，不要越职言事。范仲淹说：辅弼朝廷是我的职责所在，知无不言是我的本分，我怎敢不尽职尽责！吕夷简拉拢利诱不成，便心生一计，命他权知开封府。开封是京师所在，也是政务最繁忙的州郡，吕夷简想以此束缚住范仲淹的手脚，使他无暇旁顾。一旦有了疏漏，再把他免职，范仲淹就不可能再来饶舌了。所谓“权”是暂时代理，非正式职务。范仲淹知道开封多达官显贵，皇亲国戚，他们倚仗权势，恣行不法，知开封府亦无可如何。但范仲淹却刚正不阿，依法行事，兴利除弊，铁面无私，一些蝇营狗苟之徒想乘范仲淹刚刚上任之际为非作歹，都被绳之以法，其他人也都受到震慑，不敢再兴风作浪了。

范仲淹上任只一个月，偌大的京城便“肃然称治”，秩序井然了。京城里有民谣说：“朝廷无忧有范君，京城无事有希文。”一时范仲淹声名鹊起。但也有不逞之徒与范仲淹作对。开封府一个纠察刑狱的官员，名叫胥偃，弹劾范仲淹不遵法度，断案不公，比如他判一个叫阿朱的人，所定罪名就不妥当。仁宗下诏给范仲淹，要他对犯罪情节轻的人不要重判，但并未指责他断案不公。胥偃也是一个鸿儒，喜欢读书之人，他见欧阳修勤奋读书，便把他罗致门下，并把女儿许配给他为妻。欧阳修知道范仲淹是公忠体国之人，对他甚为敬重，而岳父胥偃几次弹劾范仲淹不遵法度，都是吹毛求疵，便对岳丈有了反感。久而久之，便翁婿反目，不相往来了。

龙图阁直学士孔道辅喜欢标新立异，突然上书朝廷，请求迁都洛阳，一时在朝野引起了骚动，赞同者有之，反对者有之。范仲淹得知此事，上疏说，孔道辅建议迁都洛阳，臣未见其可，如今国家太平，并无战乱，岂有迁都之理？洛阳诚然有山河之固，如果边陲不宁，干戈四起，可退守此处。但洛阳空虚已久，没有粮食储备，危难之时如何应对？臣以为应早做准备，陕西粮食有余，可东运洛阳，东路有余粮，也可西运到彼，如此数年，洛阳便有充裕粮食了。太平时期都城应设在东京这样四通八达之地，以便利天下；急难之时则迁往洛阳，守卫中原。但是仁宗还是听从了吕夷简的建议，修缮大名城（今属河北），建为北京。

宰相吕夷简当政，进用官员多是其党羽，谄媚奸邪之人竞相奔走门下，凡忠心为国又有才能者皆屏斥不用，弄得怨声载道。范仲淹提出，官员的升迁应按规定进行，天子应该过问，不宜全部委托给宰相。他还怕说得不够详尽，又绘成一幅《百官图》呈递给仁宗，指出哪些官员是按次序升迁的，哪些是靠裙带或是私人关系升迁的，如何升迁为公，如何升迁是徇私，提醒仁宗，官员的任用关乎国家治乱兴衰，不可不慎。这本是金玉良言，吕夷简却认为是对他发难，拆他的台，心中甚为不悦。正要伺机报复，凑巧仁宗就范仲淹关于迁都的见解征询他的意见，便把对范仲淹的不满全都发泄出来。他诋毁范仲淹说，此人做事不稳重，也不切合实际，好高骛远，喜欢扬名，言论迂阔，不可大用。范仲淹得知此事，接连上了四疏，分别是《帝王好尚论》《选贤任能论》《近名论》《推委臣下论》，内容多是讥指时政，抨击吕夷简用人不公之言。

又说西汉成帝时，皇后王氏一门作威作福，专擅朝政，满朝文武早就愤懑不平，便借日食、地震等自然灾害纷纷上书，指责王氏干政。成帝疑信参半，询问大臣张禹。张禹说，日食、地震是天灾，天意难测，与王皇后家族何干？乞陛下勿轻信谣传。成帝于是不再怀疑王皇后家族，最终酿成王莽之乱，篡夺了刘氏江山，前车之鉴，不可不防。臣恐怕今日朝廷中也有像张禹这样的人，坏了陛下家法，给社稷带来灾难，应早作打算，此乃当务之急。范仲淹所说的朝中大臣，就是影射大权在握、结党营私的宰相吕夷简。吕夷简被人戳着痛处，不禁气急败坏，暴跳如雷，污蔑范仲淹“越职言事，荐引朋党，离间君臣”三大“罪状”。越职言事是说超越自己的职权说不该说之事，这个罪名还轻；荐引朋党是说呼朋引类，专门举荐和自己同流合污的人当官，罪名已经不小。这本是范仲淹弹劾吕夷简的话，吕夷简又把这顶帽子扣到了范仲淹头上。而离间朝廷和大臣的关系，那便是不赦之罪了。范仲淹当然要据理驳斥，为自己辩诬，双方唇枪舌剑，斗争激烈。吕夷简是权倾朝野的宰相，身边自然有许多阿谀奉承的人，范仲淹则显得势单力孤，而仁宗也听信谗言，站在了吕夷简一边，范仲淹的悲剧命运便不可避免了。

景祐三年（1036 年）五月，范仲淹被褫夺了权知开封府的职务，逐出京城，贬知饶州（治今江西鄱阳），这是他第三次遭到贬谪了。侍御史韩渎为巴结讨好吕夷简，要求治范仲淹“朋党”之罪，并张榜朝堂，以惩戒越职言事的官员，仁宗当即准奏。

范仲淹虽三次被贬出朝，但他无怨无悔，从不颓唐沮丧，表示“持一节以自信，历三黜而无悔”，戏称三次贬谪为“三光”（三次光荣），并在《郡斋即事》一诗中说：“三出专城鬓似丝，斋中潇洒胜禅师……

世间荣辱何足道，塞上衰翁也自知。”

当时朝廷究治朋党甚急，大臣们畏惧吕夷简权势，明知范仲淹有冤，多数人不敢为他送行，但也有少数不畏权势、甘冒斧钺之诛的官员前来给范仲淹送行。天章阁待制李纮、集贤校理王质不顾安危，携带醇酒为范仲淹饯行，王质又独留几日，相谈甚欢。朋友提醒王质说，你可要小心，假若有人诬告你和范仲淹是朋党，就可能给你带来灭顶之灾！王质笑笑说，范仲淹是光明磊落之人，能够和他成为朋党，那便是三生有幸了。秘书丞校理余靖上疏说：范仲淹以前上疏，调停陛下母子、夫妇间的关系，合乎礼制，曾蒙陛下褒奖。今日因为讥刺大臣，便被贬谪出朝，似乎不妥。倘若范仲淹所言不合圣意，可屏而不纳，为何要加以重罪？陛下自亲政以来，已经三次斥逐敢于言事的大臣，陛下不应该在太平时期如此对待大臣，请陛下收回成命。仁宗看了奏疏，下诏免了余靖官职，贬谪出朝，让他去监管筠州（治今江西高安）酒税去了。

馆阁校勘尹洙上疏说：臣平日就认为范仲淹生性耿直，忠贞报国，我与他义兼师友。自从他获罪以来，朝中大臣说我也受过他的荐举，此事属实。如今范仲淹既以朋党得罪，我也应当连坐。虽然皇恩浩荡，没有点我的名字，我扪心自问，不能侥幸免掉罪责，请求朝廷贬谪，以正国法。仁宗没有料到，还有自投罗网为范仲淹辩护之人，当下怒不可遏，把尹洙贬往郢州（治今湖北钟祥）监理酒税了。馆阁校勘欧阳修致书右司谏高若讷说：范仲淹无罪被贬出朝，你身为谏臣，本应该谏止天子，你却缄口不言。既在其位，当谋其政，你在位而不言事，便应当离职，让敢言之人担任司谏之职。你尸位素餐，以谏臣的身份出入朝堂，是足下不复知人间有羞耻事尔！高若讷大怒，把这封书信交给了仁宗，结果欧阳修被贬为夷陵（治今湖北宜昌）令。馆阁校勘蔡襄写《四贤一不肖诗》，“四贤”指范仲淹、余靖、尹洙、欧阳修，“一不肖”指高若讷。此诗一出，京城人争相传抄，翻印此诗的书商获利甚多。契丹使臣当时也在京城，重金买到此诗，张贴于幽州（治今北京西南）大街小巷，范仲淹正直之名远播辽朝。

光禄寺主簿苏舜钦上疏说：臣近日读诏书，戒越职言事，并播告四方，甚为惊恐，想来非出陛下本意。陛下即位以来，屡下诏书，求百官直言极谏，并设立了直言极谏科。今日诏书与以前迥异，岂非执政大臣蒙蔽陛下，堵塞忠良之口，此举实乃自取灭亡之道。采纳好的建议，任用贤能之臣，乃是宰相的职责大事；蒙蔽君王，胡作非为，必定亡国。如今，谏官、御史全部出自宰相门下，只要巴结奉迎，便能升官，正直之士不能进一言，陛下何以尽知天下之事？孔道辅、范仲淹两人刚正不阿，位列台谏，忠直敢言，虽改他官，也不忘献言献策，难能可贵，此二人如果缄口不言，随波逐流，便可成为公卿大臣。但二人不敢有负朝廷，忠贞报国，却落得个贬谪的结局，以后谁还敢谈论国事！仁宗看了，自知理亏，留中不发，没有治苏舜钦之罪。苏舜钦写诗为四人鸣不平：

伊人秉直节，许国有深谋。
大议摇岩石，危言犯采旒。
苍黄出京府，憔悴谪南州。

意思是说，那四个人忠诚耿直，胸中有报国韬略，侃侃而谈议论国事，欲扳倒奸相吕夷简，但谠言正论却惹恼了天子，于是匆匆忙忙被贬出京城，以憔悴疲惫之身到南方州郡去了。建德（今浙江建德东北）县令梅尧臣也有《啄木》诗云：

中园啄尽蠹，未肯出林飞。
不识黄金弹，双翎坠落晖。

诗中把范仲淹比作啄尽树林中蛀虫的啄木鸟，一直兢兢业业捕捉蛀虫，但好心不得好报，因此而触怒了主人，被主人的黄金弹射落在夕阳的余晖中了。

范仲淹遭贬谪，坐船走水路去饶州，历经10余个州县，地方官都不敢出迎，只有知扬州陈执中迎送慰劳，后来他官至宰相。

宋代官员每至一处履新，照例都要上谢表，范仲淹到饶州后上谢表说："此而为郡，陈优优布政之方；必也立朝，增蹇蹇匪躬之节。"意思是说，当了地方长官，就要政简刑清，安邦利民；如在朝为官，要竭尽忠直之节。

刚到饶州，就收到了老友梅尧臣自建德寄来的诗与赋。诗中赞扬范仲淹说："古来中酒地，今见独醒人。"战国时楚国大夫屈原被顷襄王放逐，披发行吟汨罗江畔，颜色憔悴，形容枯槁，一个渔翁问他为何被放逐，他回答说举世混浊而我独清，众人皆醉而我独醒，因此遭到放逐。范仲淹不就是当年的屈原吗？梅尧臣又在《灵乌赋》中劝戒老友"结尔舌兮钤尔喙"，也即锁住自己的舌和口，少说为佳，免得惹祸。范仲淹感谢老友的关怀，却不同意他的意见，也写了一篇《灵乌赋》，表示"宁鸣而死，不默而生"，宁可因谏诤而掉头，决不会一言不发，苟活偷生。在《答梅圣俞灵乌赋》一诗中，说得更加斩钉截铁：

危言迁谪向江湖，放意云山道岂孤？
忠信平生心自许，吉凶何恤赋灵乌。

诗中说，我因在朝中说了正直的言论而被贬谪江湖，但是坚持真理的人不会被孤立。我自信平生忠义许国，是吉是凶都不会在意你那篇《灵乌赋》。范仲淹的胸怀何其坦荡！

还有一个叫曹修睦的人，是监察御史曹修古之弟，在朝任侍御史，与范仲淹也是至交，其时他正在泉州，得知范仲淹被贬，特寄诗慰问，范仲淹也写长诗赓和。他说："志意苟天命，富贵非我望。立谭万乘前，肝竭喉无浆。"自己正直立朝，不计后果，结局如何，只能听天由命，从来没想过大富大贵。我喜欢谏诤，即使在天子面前，也要据理力争，即使竭尽肝胆，喉咙干得说不出话来也在所不惜。"寸怀如春风，思与天下芳。"我为国为民的一片丹心好比吹遍大地的春风，给百姓带来福祉。

但是古代喜欢谏诤的人，结局都很悲惨："王章死于汉，韩愈逐诸唐。狱中与岭外，妻子不得将。"王章是西汉成帝时人，任京兆尹（京城的行政长官），成帝之舅王凤辅政，气焰熏灼，王章上书成帝，极言王凤不可用，为王凤所害，死于狱中。妻子徙于合浦（今广西合浦东）。韩愈是唐朝大臣，因谏止唐宪宗迎佛骨，被贬往当时还是瘴疠之乡的潮州（治今广东潮州），妻子不得随行。但是这并不能动摇范仲淹为国言事的决心，他愿步王、韩两人的后尘："我爱古人节，皎皎明于霜。今日贬江徼，多惭韩与王。罪大祸不称，所损伤纤芒。"虽然贬谪饶州，但是罪大贬轻，我受的损伤只是毫毛之微。范仲淹的胸怀何其豁达！在给挚友谢绛的诗中表示："心焉介如石，可裂不可夺。尽室得江行，君恩与全活。回头谏诤路，尚愿无壅遏。"其时谢绛还在京城，但他念着范仲淹，范仲淹写此诗表明心迹：我心如磐石，可以断裂，但志不可夺。此次贬谪妻孥得以随行，还要感谢天子的恩典。但愿今后再谏诤时，能够一路顺遂，没有人再刁难、阻拦。一片报国热忱跃然纸上！

有个叫黄灏的士子，与范仲淹相交20余年，得知范仲淹贬谪饶州，也寄诗安慰，范仲淹写了《依韵酬黄灏秀才》一诗相和：

再贬鄱川信不才，子规相爱劝归来。
客心但感江山助，天意难期日月回。
白雪孤琴弥冷谈，浮云双阙自崔嵬。
南方岁晏犹能乐，醉尽黄花见早梅。

子规就是杜鹃，也称杜宇，传说中的古代蜀国国王。周代末年在蜀称帝，也称望帝。后归隐，让位于宰相开明。时值二月，子鹃啼鸣，蜀人怀念他，称鹃鸟为杜鹃。杜甫《子规》诗云："两边山木合，终日子规啼。"再贬鄱川（指饶州），范仲淹戏谑地说，是因为自己无才，就像蜀人希望杜鹃鸟归来一样，我也回到南方来。一路平安是因为有山水的帮助，但是圣意难测，我何时能重回朝廷很难预料。我好比白雪皑皑中的一只琴鸟，孤独寒冷，但又像宫殿前的双阙，雄伟矗立，纵使黑云压城，也遮挡不住。最后又自我安慰：南方气候温暖，一年四季皆可游玩，菊花凋谢之后，梅花又该次第绽放了，在这里生活是很惬意的。随遇而安，到哪里都要为国尽忠，这就是范仲淹的性格。

饶州是个人烟辐辏的大郡，民风强悍，号称难治，范仲淹到任后，搏击豪强，视民如伤，那里很快便弊绝风清，家给人足。饶州盛产茶叶，有一种茶叶叫鸟衔茶，韵味醇厚，清爽可口，是当地百姓的衣食之源，但每年都要向朝廷进贡，百姓苦不堪言。范仲淹得知后，为民请命，上奏朝廷，不再上贡鸟衔茶，还奏免了已不产银的德兴银山银冶场的贡课。后人有诗颂扬他说：

一章奏免鸟衔茶，惠及饶民几万家。

遗老至今怀德政，为余谈此屡咨嗟。

所谓“屡咨嗟”者，是说遗老们对范仲淹的德政赞叹不已，引以为荣。

范仲淹在饶州还迁建了郡学。饶州山水秀丽，林壑优美，州之东南一峰耸峙，高达千尺，山上林木蓊郁，莽莽苍苍，山下数湖毗连，湖水淙淙，飞珠溅玉。范仲淹把山命名为文笔峰，湖命名为砚池。可惜他还未及鸠工庀材，开工营建，便奉调匆匆离去。范仲淹说，迨学校建成，20年后当有人大魁于天下。庆历年间兴学，就是在范仲淹圈定的地方兴建的。

治平年间，饶州人彭汝砺果然状元及第，大魁天下。饶州人建了一座“九贤堂”，顾名思义，就是为9位贤人立庙祭祀之处。从宋太祖赵匡胤到宋哲宗赵煦，在饶州当过郡守的共有68人，能入“九贤堂”的，只有范仲淹一人。饶州人又在颁春堂、天庆观、州学讲堂等三地为范仲淹立祠，凡祈雨祷晴，州官到任、离职，皆前往祷告。

范仲淹喜欢音乐，善于弹琴，但平日只弹《履霜曲》，人称“范履霜”。他在饶州州衙的后花园中建了一座房屋，取名庆朔堂，堂前栽有花木。范仲淹之所以把这座房屋取名为“庆朔堂”，寓意深长，并非是单单为了游乐，而是仿照古代藏朔的礼仪而建的。原来古代帝王于岁终把来年 12 个月要做的政事颁发给诸侯，但不是直接发给诸侯，而是藏于太祖庙内，诸侯于每月朔日（初一）朝庙，接受天子的命令，称为朔政。诏书藏于太祖庙，又是逢朔日才能见到，因此称为藏朔。范仲淹命名此堂为庆朔，表示要像古代的诸侯那样效忠朝廷。闲暇无事时，他召来一名年幼的歌伎演唱，甚是怜爱。不久，范仲淹调往润州（治今江苏镇江），走时花还未开。接替他职务的是魏介之，与范仲淹是同榜进士，范仲淹写了一首《怀庆朔堂》寄给他：

庆朔堂前花自栽，便移官去未曾开。

年年忆着成离恨，只托春风管勾来。

庆朔堂前的花还未开，便移官他去，令我怀念不已，让春风把我的怀念带到庆朔堂吧。也有人说，范仲淹在饶州时认识一个叫春风的道士，住在天庆观的春风轩，二人交情甚笃，这首诗是写给他的。几年之后，范仲淹调回京城，还记挂着在饶州庆朔堂奏乐的那位歌伎，不知她生活得如何，便寄去了一盒胭脂，并题诗一首：

江南有美人，别后常相忆。

何以慰相思，寄汝好颜色。

饶州距庐山不远，乘船向西越过鄱阳湖，进入南康县（今江西星子县）境，便来到了五老峰下，庐山处处便留下了范仲淹的履痕，也留下了他的诗篇。《游庐山作》一诗云：

五老闲游倚舳舻，碧梯岚径好程途。

云开瀑影千门挂，雨过松黄十里铺。

客爱往来何所得？僧言荣辱此间无。

从今愈识逍遥旨，一听升沉造化炉。

诗中说自己乘船来庐山游玩，满山青翠，漫步攀缘上山，如登梯一般，雾气笼罩着山间的小路。此时刚刚下过一场雨，云开雾散，许多地方都挂着瀑布，大雨过后，田野里一片金黄，耀人眼目，多么壮丽的景色！山上游客如织，都听僧人之言，说剃度出家是好事，佛寺远离尘嚣，僧人六根清净，没有荣辱。但我做不到这一点，我不会出家，会继续向朝廷献言献策，至于前途命运如何，只能听从造化的安排了。忧国忧民之心，灼然可见！还有《瀑布》一诗：

迥与众流殊，发源高更孤。

下山犹直在，到海得清无。

势斗蛟龙恶，声吹雨雹粗。

晚来云一色，诗句自成图。

这首诗也寓意深长，写的是瀑布，其实是作者自况。瀑布迥别流俗，从万仞高山奔流而下，直而不弯，一直流到大海，仍是清澈如镜，毫不浑浊。瀑布值得称赞，做人也应如瀑布一样清白。还有《芝山寺》一诗写得轻松明快，其中有“偶临西阁望，五老夕阳开”的句子，写五老峰在夕阳的余晖中显得苍翠可爱。大概范仲淹多次到五老峰游玩，当地建有亭子一座以纪念这位贤太守。饶州人春季踏青，经过这座亭子时，必称“范公五老亭”，可见范仲淹在饶州百姓中的声誉！

六、在润州和越州

景祐四年（1037年）十二月，范仲淹调任润州，宝元元年（1038年）正月赴任，他在饶州只待了一年半多一点的时间。调动的原因和地震有关。先是京师地震，接着忻（治今山西忻州）、代（治今山西代县）、并（治今山西太原）三州发生地震，地裂泉涌，如黑沙状的火焰喷射而出，一日便有四五次之多，房舍倒塌，吏民死伤惨重，忻州死亡19742人，伤者有 5655 人，牲畜死亡 5 万余头。代州、并州皆有伤亡。甚至忻州知州祖百世、都监王文恭等也被倒塌的房屋砸伤。

在古人看来，发生这类灾害是上天示警，表示朝政有失，大臣们可上疏谏诤，指斥时弊，纠正朝廷缺失。上疏中言辞最激烈、最切中时弊的是在史馆任职的叶清臣。他说：范仲淹和余靖因上疏言事被贬谪，天下之人钳口结舌不敢议论朝政已将近两年，请陛下扪心自问，深刻反省，重用正直敢言之人，这样，朝廷在国人中才有威望，地震等灾害才不会发生。数天之后，仁宗觉得叶清臣的话不无道理，下诏迁范仲淹于润州。宋朝规定，凡贬谪官员调往离京城较近之处为官，称量移，意味着有朝一日还会被朝廷重用。那些曾经诬陷过范仲淹的奸邪小人，见他由饶州徙润州，离京城近了些，恐怕仁宗皇帝他日重用，于是凭空捏造了范仲淹许多罪状，仁宗大怒，下诏把范仲淹贬往岭南。参政程琳是正直之人，挺身而出为范仲淹辩冤，说那些人所说均是不实之词，仁宗这才回心转意，重新把范仲淹调往润州。

宝元元年（1038 年）正月十三日，范仲淹离开饶州，首途润州。途经彭泽（今属江西），那里有狄仁杰庙，范仲淹敬佩他是唐朝忠臣，便前往拜谒。狄仁杰，字怀英，并州太原人，武则天天授年间任凤阁鸾台平章事，也即宰相。他被酷吏来俊臣陷害，下入狱中，可能要死于非命。狄仁杰秘密让儿子向武则天申诉，得以免死，贬为彭泽令，后又复相。睿宗时追封为梁国公，后人称为狄梁公。范仲淹写了一篇《唐狄梁公碑》，赞扬狄仁杰为国之栋梁，说天地将要闭合，谁能开天辟地？日月皆食，天空昏暗，谁能使日月重光？大厦将倾，谁能支撑不坠？社稷将亡，谁能转危为安？巍峨挺拔能当此大任者，只有狄梁公一人。赞扬狄仁杰，就意味着要以他为榜样，忠贞许国，万死不辞。

润州又称京口、丹阳郡，后改称镇江府。其地枕山襟江，当南运河入长江之口，向为交通要冲、军事重镇，也是“山分江色破，潮带海声来”的山水名胜之地。到了润州，范仲淹照例要写谢上表，范仲淹说：我身处江湖，心存魏阙，几次贬谪，渡江赴任，风急浪恶，有覆舟之厄，别人皆提心吊胆，我独处之泰然。如果朝廷用我，则坚持正直立朝，虽冒雷霆之诛也不变色；如朝廷不用，我也安于贫贱，不怨天尤人。

范仲淹在饶州时，妻子李氏染疾不瘳，奄然物化，身边少了相濡以沫的人，使他悲伤不已。调往润州时，也是扶柩赴任。到了润州，先把灵柩厝放在瓜洲寺内，去拜谒了著名的道教圣地茅山。茅山在今江苏省镇江市西南句容市境内，相传汉代茅盈与其弟茅固得道于此，因此称茅山。山上有大茅亭和莲壶、玉柱、华阳三洞，相传南朝时陶弘景曾隐居于华阳洞，因此茅山之名享誉遐迩。范仲淹登临胜地，有《移丹阳郡先游茅山作》一诗：

丹阳太守意何如？先谒茅卿始下车。
竭节事君三黜后，收心奉道五旬初。
偶寻灵草逢芝圃，欲叩真关借玉书。
不更从人问通塞，天教吏隐接山居。

“芝圃”是传说中仙人种灵芝的地方，“玉书”则指道教经典。到了茅山，看见道士们黄卷青灯，没有尘世的烦恼，不禁想起自己已是知天命之年，竭尽忠诚侍奉朝廷，却遭遇了三次贬谪，还真想抛却凡心，弃家修道。当然，这种想法在他脑海里不过一闪念而已。要寻找灵芝得去芝圃，真心修道得钻研道教经典，范仲淹似乎从中受到了感悟，要作一番献言献策的事业，就得不畏艰险，勇往直前。尽管他不能脱离世俗的烦扰，还得为朝廷效力，但确实羡慕道士那种自由自在、无拘无束的生活。他在《赠茅山张道士》一诗中说：“有客平生爱白云，无端半老尚红尘。”他喜欢像悠悠白云那样舒卷自如、恬然宁谧，但如今年已半百，尚在世俗的红尘中，只能努力向前了。

到了润州，范仲淹又拜谒了甘露寺中的李卫公祠。甘露寺在润州的北固山上，寺为三国时吴国甘露年间所建，唐代李德裕扩建，后来毁于战火，宋真宗大中祥符年间移建于北固山上。寺内有唐代名将李靖祠。李靖原为隋代将领，后来归依李世民，南征北战，讨伐过王世充，攻打过突厥、吐谷浑，以功封卫国公，著有《李卫公兵法》。范仲淹钦慕李靖的为人，但李靖的祠地方太小，有碍观瞻，于是命人把李卫公祠迁往南楼，又把《旧唐书》中的《李靖传》刻于石碑上，放置祠下，供人阅读。见贤思齐是范仲淹的本色，每至一处，凡有先贤遗迹，他都要前去拜谒。

润州始置于隋代开皇年间，林壑优美，古迹甚多，范仲淹的《京口即事》一诗就说："甘露楼台古，金山气象清。六朝人薄命，不见此升平。"金山在润州西北，原在江中，后来沙石越积越多，成为陆地，与南岸相连。金山上有金山寺，始建于东晋，也称龙游寺，相传白娘子与许仙的故事就发源于此。金山气象清幽，乃东南名胜。可惜六朝（三国东吴、东晋及南北朝时南朝宋、齐、梁、陈）人生活在烽火连天的战乱中，人都短命，没有见到今天的太平景象！

范仲淹兴学重教，所到之处，栽培桃李，陶育人才。润州原有府学，但规模甚小，地方官又不重视教育，府学残破不堪，生员不多。范仲淹到任后便醵资扩建，置义田为办学之资，添购图书，使府学焕然一新。范仲淹还特地延聘知名教育家李泰伯前来讲学。他在给李泰伯的书信中说，如今润州初建郡学，请您屈驾前来充任讲席。恐怕您远道而来，孤身独自，难以长久，若能携带眷属前来，我会妥善安置，请你示知。一个地方官如此礼贤下士，李泰伯自然爽快应命。范仲淹在百忙中还为学生讲授经学，并多次到郡学视察，于是润州文风大振。

润州是水乡，河渠纵横，百姓生活不便，范仲淹在润州东关修建了一座桥，取名为清风桥，后人改称范公桥。

公余之暇，范仲淹在润州会见了几位志同道合的朋友，促膝长谈，诗歌酬答，这是他最惬意的事。老友滕子京、魏介之前来探望，他们三人是同榜进士，旧友聚首，一叙契阔。其时，滕子京在江宁府（治今江苏南京）通判任上，适逢母亲去世，丁忧在青阳，服丧期满，即将调任湖州（治今浙江湖州）；魏介之在饶州。两人相约往润州看望范仲淹。范、魏两人多次有诗唱和。范仲淹写两人相会的欢乐："与君今日真良会，自信粗官乐事多"；写分手时的惆怅："江上高楼欲千尺，便从今日望归舟"。范仲淹离开饶州后，魏介之常去游庆朔堂，怀念两人相处的时光，有诗云："使君去后堪思处，庆朔堂前独到来。桃李无言争不怨，满园红白为谁开？"此次三人会面，范仲淹兴会淋漓，诗情坌涌，写下了一首五言古诗：

长江天下险，涉者利名驱。
二公访贫交，过之如坦途。
风波岂不恶，忠信天所扶。
相见乃大笑，命歌倒金壶。
同年三百人，太半空名呼。
没者草自绿，存者颜无朱。
功名若在天，何必心区区？
莫竞贵高路，休防谗嫉夫。
孔子作旅人，孟轲号迂儒。
吾辈不饮酒，笑杀高阳徒。

诗中引用了高阳酒徒的典故。高阳是地名，即今河南杞县，秦朝属陈留郡。酒徒指郦食其。秦末农民起义时，刘邦率兵经过陈留（今河南开封），高阳儒生郦食其求见，把守军营的人报告给了刘邦。刘邦不耐烦地说：你出去对他说，我的第一要务是夺取天下，没有闲暇会见儒生。把守军营的门卫把这话传达给了郦食其。郦食其怒目圆睁，按剑叱责门卫说：你去告诉沛公，我是高阳酒徒，不是儒生。刘邦这才把郦食其延请入军帐中，后来郦食其得到重用。

在诗中范仲淹先说长江风急浪恶，是危险之地，凡来这里的人，大多受名利驱使，否则便不会踏入这危险之境。继而说滕、魏联袂来访贫贱时的朋友，过长江如走平地一样。“风波岂不恶，忠信天所扶。”这两句说的是天气，实则指自己对朝廷的耿耿忠心：朝廷上不管有多险恶的风波，只要我心存忠信，就无所畏惧，老天护佑。接着讲今日旧友相见，分外高兴，当饮酒高歌，一倾积愫。当年进士及第的同年有 300 人，如今多半已登鬼箓，只剩下名字了。死者长眠之处，只见年年草绿，却不见人影，而活着的人也面容憔悴，不复有当年的风采了。功名富贵要听从老天爷的安排，自己不必放在心上，不要费尽心机去争高官厚禄，也不必防范那些势利小人因忌妒你而说你的坏话。孔子恓恓惶惶，奔走于列国之间，企图得到各诸侯国的重用，结果事与愿违。孟子是子思的门徒，游说于齐、魏两诸侯国之间，也没有结果，只好退而著书，真是迂腐儒士。郦食其为得到刘邦重用，自称是高阳酒徒，这种没人格的事，笑杀世人。

50 岁的范仲淹说这一番话，是直抒胸臆，是他人格的写照，也是他自 27 岁入仕以来的总结。在他身上只有忠心赤胆，铮铮硬骨，为国尽忠，不计安危，不计荣辱，没有丝毫的奴颜媚骨！

宝元元年（1038 年）五月，在史馆任职的叶清臣调任江南转运副使，八月间抵达润州，专门拜会范仲淹，令范仲淹欢忭不已。他没有忘记，景祐四年（1037 年）十二月，是叶清臣亢直敢言，慷慨上疏，自己才得以从饶州移往润州，这令他心中时存感激。两人相会，时值中秋，天高云淡，皓月当空，范仲淹有诗云：

其一：

天遣今宵无寸云，故开秋碧挂冰轮。

诗人不悔衣沾露，为惜清光岂易亲？

其二：

孤光千里与君逢，最爱无云四望通。

处处楼台竞歌宴，的能爱月几人同？

月光皎洁，已至夜阑更深，但两人谈兴正浓，意犹未尽，不觉露水沾衣。处处楼台，铜板铁琶，丝竹迭奏，歌声嘹亮，润州人都在欢度中秋佳节，但似我们两人在中秋之夜月光之下谈诗论文的能有几个？范仲淹把对挚友的感激都融在这两首描写月景的诗中了。

宝元元年十一月，范仲淹调知越州（治今浙江绍兴），他在润州任上还不到一年。越州是历史文化名城，乃春秋时越王勾践建都之地，后更名为会稽郡，隋朝大业年间改名越州，南宋初年高宗赵构迁都于此，改名绍兴府。范仲淹乘船由润州赴越州途中，经过杭州，稍作停留，游览了白塔寺。该寺耸峙江边，登寺远眺，但见江水浩渺，帆影点点，群山耸翠，幽鹭飞翔，好一幅山水图画！范仲淹不禁被这美景打动了，挥毫写下了《过余杭白塔寺》一诗，感叹“多少天真趣，遥心结翠微”。一入此寺，凡念顿消，荣辱皆忘，如果不是政务缠身，范仲淹真是想栖身于此寺此山了。

既到杭州，便想到了致仕后隐居于此的胡则。胡则在朝为官前后 47 年，忠心辅国，政绩优异，为人称道。平日为人慷慨仗义，济困扶危。胡则任广西路转运使时，宜州（治今广西宜州）报来有罪应当斩首者 19 人，胡则仔细勘验，其中 9 人得以不死。他刚出仕任许州许田尉，丁谓刚中进士，借居许田，胡则待他甚厚，后来两人同朝为官。丁谓被贬崖州（治今海南三亚崖州区），门人宾客无人敢为他送行，只有胡则派人到海上慰问。胡则致仕后卜居杭州西湖，常和子孙乘坐小船，荡舟于清波之中，饮酒弹唱，尽享天伦之乐。

范仲淹在仁宗天圣年间任陈州通判，胡则时知陈州，是范仲淹的上司，他待范仲淹以国士之礼，范仲淹又和胡则长子胡楷交情甚笃。

胡则去世后，范仲淹为他写墓志铭，其中说，我“尝倅宛丘郡，会公为二千石，以国士见遇，且与都官有布素之游”，可见交情是很深厚的。对于范仲淹的到来，胡则甚为高兴，在西湖船上设宴款待，范仲淹诗兴大发，即席写诗一首：

官秩文昌贵，功名信史褒。
朝廷三老重，乡党二疏高。
涯业尽图籍，子孙皆俊髦。
西湖天下绝，今日盛游遨。

范仲淹在这首诗里引用了几个典故。“官秩文昌贵”，是说胡则以兵部侍郎致仕，兵部隶属于尚书省，文昌是尚书省的别称，兵部侍郎是兵部尚书的副手，是朝廷的高级官员。既为高官，功名显赫，将来国史中定有褒扬之辞。“朝廷三老重，乡党二疏高”，是说朝廷优待年老致仕之人，人们把胡则、胡楷父子比作西汉宣帝时的大臣疏广、疏受。

相传古代天子养老，有三老、五更各一人，都是年高德劭、致仕闲居之人，朝廷以父兄养之，以示孝悌，故有三老五更之说。汉代学者蔡邕说，三老为 3 人，五更为 5 人，也可备一说。西汉宣帝时疏广任太傅，即太子的师傅，其侄疏受任少傅，因年老同时辞官，公卿大夫为他们叔侄送行，封建文人引以为荣。乡党泛指乡里。周朝以 300 家为党，12500 家为乡，后人称乡里乡亲为乡党。“乡党二疏高”是说乡亲们都佩服胡则父子有疏广、疏受那样的品格，告老还乡受到乡亲们的敬重。“涯业尽图籍，子孙皆俊髦”，是说胡则博览群书，知识渊博，没有涯际，子孙也都是优秀俊逸之人。范仲淹对胡则的敬重、赞美，都写入这首诗里了。诗的最后说：“西湖天下绝，今日盛游遨。”西湖景色之美，堪称天下一绝，今日得在西湖游览，与胡则父子谈论古今，也是一件令人惬意的事。

越州也称会稽，这里不仅山光水色冠绝天下，而且是人文荟萃之地。东晋时，王羲之的儿子王献之曾在山阴（今浙江绍兴）道上行走，感到“山川自相映发，使人应接不暇”；东晋画家顾恺之形容会稽的山水说“千岩竞秀，万壑争流，草木蒙笼其上，若云兴霞蔚”，可见会稽山水之美。晋穆帝永和九年（353年），会稽太守王羲之与居住在始宁（今浙江上虞）东山的谢安在兰亭（今浙江绍兴西南郊一带）修禊事，也即农历三月上旬的巳日（三月三日）到水边嬉游采兰，以驱除不祥之物的侵害。王羲之写下了传颂千古的《兰亭集序》，为中国文学史平添了一段佳话。

越州还是唐代诗人贺知章的故乡。贺知章性格豪爽，善谈笑，喜饮酒，醉后写诗，尤为精彩，杜甫在《饮中八仙歌》中说：“知章骑马似乘船，眼花落井水底眠。”他也擅长草书、隶书，晚年自号四明狂客。天宝初年请求当道士，玄宗敕赐归隐今绍兴会稽山北麓的镜湖（也叫鉴湖），后终老于此地。

范仲淹从润州出发之日，经过书法家邵竦住所，询问贺知章在镜湖的逸事，邵竦说，有位朋友自江夏（今湖北武汉）寄来了一篇唐人许鼎撰写的《祖先生墓志》，其中说到了贺知章，说着拿出来让范仲淹看。那篇墓志写得辞精理远，还有宋朝初年大学问家徐铉所写的序。抵达越州后，范仲淹便去贺知章的旧居天长观参观，见他修行时的真堂已破败不堪，引起了他对这位诗人的无限同情，随即鸠工庀材，把真堂修缮一新，又把徐铉写的序文与墓志刊刻于石，立于堂前，供游人观瞻，了解贺知章的生平。

越州署衙在卧龙山的南侧，从府衙往北不远处是蓬莱阁，阁西有凉堂，凉堂之西有山岩，岩下有一片荒地，那里杂草丛生，荆榛遍地。范仲淹命人芟刈杂草，却意外发现了一口废井，询问年老的吏员此井的来历，却没人能够回答，于是派人挖出淤泥，疏通泉眼，三天之后有泉水涌出，清澈晶莹，饮之甘甜可口，井水深丈余，取之不竭。在烈日炎炎

清白亭

的盛夏，饮井水如食白雪、嚼薄冰，有凛冽之感；在朔风怒号的严冬，井水又如同阳春三月般的温润。取井水煮沸后泡茶，不管是建溪茶、日铸茶，还是卧龙茶、云门茶，都味道醇正，如饮甘露，回味无穷。范仲淹爱井水清白无瑕，慷慨供人饮用，有德有义。《易经》上说“井养而不穷也”，是说井水供人饮用，源源不竭，这就是井水给人的恩惠，做人也应当清清白白，如井水一样。范仲淹把凉堂改名为清白堂，井旁建一小亭，命名为清白亭，并专门写了一篇《清白堂记》，时时刻刻以“清白”两字激励自己！

越州人怀念范仲淹的清白品格，在清白亭旁建有希范亭，在府衙旁立“百代师表坊”，以纪念这位关心民瘼的政治家。正如乾隆年间的《绍兴府志》所说：“范仲淹，字希文，苏州人，以吏部郎知越州。有惠政，尝作清白堂以见意。既去，越人祠祀之。至今郡中有泉曰清白，有亭曰希范，郡前有坊曰百代师表，盖久而不忘如此。”

范仲淹在越州期间非常重视教育，创建了稽山书院，至今遗址尚存。他敦聘创建过石鼓书院的知名学者石待旦为山长，敦聘名士李泰伯为讲贯，四方来此受业者甚众。流风所及，后人也步范仲淹的后尘：集北宋以来理学大成的大儒朱熹，于南宋孝宗淳熙年间任职浙东，驻绍兴府治，常到书院讲学；明代哲学家王阳明卜居山阴期间，在此讲致良知之学，四面八方来此受业者多达 300 余人。

范仲淹到越州才 4 个月，便在任上接到了好友蔡齐的死讯，甚为悲伤。

他与蔡齐一起金榜题名，蔡齐是状元，范仲淹是进士，两人情同手足，蔡齐的堂弟是范仲淹的乘龙快婿。蔡齐生性耿直，从不摧眉折腰，谄事权贵。他任翰林学士时，章献刘太后打算营建景德寺，命宦官罗崇勋主持其事。罗崇勋奉太后之命，让蔡齐为景德寺写一篇记，说如能写得让太后满意，可升为参知政事。参知政事乃是副宰相，是莘莘士子歆羡的官职，而蔡齐却不为所动，一字未写，结果触怒了太后，被谪出朝。

四川有个叫王齐雄的官员因杀人被除名，只因他是刘太后的姻亲，不久便又复官。蔡齐说：如此处理，还有何法律可言？次日入朝上奏说：齐雄仗势杀人，不判死罪，又恢复他的官职，仅因他与太后是姻亲便废掉法律，臣期期以为不可。仁宗说：降王齐雄一级官职可以吗？蔡齐说：因姻亲而不顾法律，陛下认为妥当吗？仁宗无可如何，只得依法治王齐雄的罪。几经曲折，蔡齐终于官居参知政事。蔡齐与宰相王曾相善，而王曾与吕夷简不和，王曾被排挤罢相，蔡齐也罢户部侍郎，出知颍州（治今安徽阜阳），宝元二年（1039 年）四月病逝，终年 52 岁，追赠为兵部尚书，谥文忠。范仲淹在悲痛中先后写了《祭蔡侍郎文》《户部侍郎赠兵部尚书蔡公墓志铭》两文。他说：我自布素（贫寒的士人）之时便和蔡齐有交往，见他说话行事都非常得体，在家中侍奉父母，一天几次问安，对于几个弟弟，也呵护备至。朝野都知道他有当宰相的才能，称赞他在朝为官时“以时贤为乐，以天下为忧，见佞色则嫉，闻善言必谢，孜孜论道，以致君尧舜为心”。蔡齐以引进人才为乐趣，忧虑的是如何治国，见了奸佞小人就疾言厉色，听到如何治国的言论便道谢，披肝沥胆辅佐君王，让当今天子变成尧舜那样的明君。范仲淹在越州写的这两篇短文，倾注着他对故友的崇敬之情。

范仲淹在越州还为已逝的谏官田锡写了一篇墓志铭。田锡卒于咸平六年（1003年），那时范仲淹才15岁，两人无缘相识。田锡的儿子田庆远请求范仲淹为父亲作墓志，范仲淹不忍拒绝，便答应了他。于是搜集资料，访问耆旧，写成了一篇翔实的墓志。

田锡历仕太宗、真宗两朝，仰慕唐代魏征，以谏诤为己任，屡屡上疏言时政得失，累官至右谏议大夫。他不计个人安危，先后上书52次。一次上书后，对儿子说：我身为谏官，职责就是为国言事。若天子采纳，是臣子的幸运；若不采纳，必降祸于我，也只能听天由命了。他为官20余年，不曾趋权贵之门，即使受到贬谪，也不改为国为民的初衷。死前写有遗表，所说都是关于国家安危的话，没有一句谈及家事。范仲淹乐于为这样的人写墓志铭，在文章的末尾不无遗憾地说：“呜呼贤者，吾不得而见之。”

范仲淹恪守官箴，率先垂范，对部属也关怀备至。户曹孙居中死于任上，官微俸薄，平日没有积蓄，儿子幼小。孤儿寡母，度日如年，连扶柩还葬的钱也拿不出来。范仲淹从自己的薪俸中拿出100缗作为他们母子的生活费用，又雇了一条大船，差一名老衙役送母子及灵柩返乡。还恐怕沿途关津盘查，写了一首诗交代那位老衙役说，如果关津处不肯放行，可把这首诗让他们看，他们就不会刁难了。诗云：

十日相将泛巨川，来时暖热去凄然。
关津若要知名姓，定是孤儿寡妇船。

解衣推食，视民如伤，这就是范仲淹的品格！

越州翠峰院相传是春秋时商圣范蠡的旧居，范仲淹公余之暇曾去凭吊，认他为范姓祖先。范蠡，春秋末任越国大夫，楚国宛人，少时贫贱，仕越为大夫，擢上将军。公元前494年，越国被吴国打败，退保会稽山，范蠡忍辱含垢，与勾践夫妇在吴国当了两年人质，归国后与大臣文种齐心协力辅佐越王勾践，终于灭亡吴国。范蠡了解勾践的为人，可以共患难，但不可以共安乐，若恋栈不去，将有不测之祸，于是离越适齐，改名鸱夷子皮，治产业千万。受任为齐相，又弃官散财，来到陶地（今山东定陶），号陶朱公，逐什一之利，再度盈利千万。他认为世上一切事物都在变化，时势的盛衰也是如此，因此要待时而动，顺其自然。范仲淹对范蠡的人品极为赞赏，他写的《题翠峰院》云：

翠峰高与白云闲，吾祖曾居水石间。

千载家风应未坠，子孙还解爱青山。

范蠡忠心辅国，功成身退，淡泊名利，家产雄厚，都分散给贫苦百姓，这就是范蠡的家风，范氏子孙应该继承这一份珍贵的遗产。有朝一日，我告老还乡，也要采樵青山，垂钓水滨，过着悠然陶然的生活。

春色浓如酒，杜鹃到处飞。越州多崇山峻岭，每逢春季，到处都有杜鹃叫声。杜鹃又名杜宇、子规。范仲淹初到越州，行走在越州所属诸暨县（今属浙江）道中，见杜鹃绕树三匝，啼叫声似说“不如归去，不如归去”，不禁有感，赋诗云：

林下提壶招客醉，溪边杜宇劝人归。

可怜白酒青山在，不醉不归多少非。

林下酒店客人饮兴正浓，溪边杜鹃却啼叫不如归去，但是春色烂漫，青山妩媚，客人不醉不归，不禁触动了范仲淹的思乡愁绪。在《越上闻子规》一诗中又写道：

夜入翠烟啼，昼寻芳树飞。

春山无限好，犹道不如归。

子规夜间在山中啼叫，白天绕树而飞，春山无限美好，但还是不如回到家乡去。其实，范仲淹并不是真想归隐，与烟波钓徒为伍，他想的是国家，是江山社稷，假若能回到朝廷，所发挥的作用，岂不比在地方更大?“居庙堂之高则忧其民；处江湖之远则忧其君。”这才是范仲淹心情的真实写照！表达同样心情的，还有《寄题溪口广慈院》：

越中山水绝纤尘，溪口风光步步新。

若得会稽藏拙去，白云深处亦行春。

所谓藏拙是掩饰自己的拙劣，不以之示人。诗里说若能栖隐到会稽的山水之间，白云深处也温暖如春了。范仲淹所说的藏拙，是指不问政事，归隐田园，这显然不是他忧国忧民的本意，恰恰反映出范仲淹急于为国分忧的心情。

一、宋夏交恶

宝元元年（1038 年）十一月，党项族首领李元昊建国称帝的消息传入京师，打破了西北边陲的宁谧，使宋朝举国上下震惊不已。这意味着原为宋朝藩属的西夏，要与宋朝分庭抗礼，宋朝当然不会答应。既不能和平解决，剩下的就只有兵戎相见了。

这时范仲淹仍在越州。

西夏是党项族建立的国家，因在宋朝西北，故称西夏。中国史籍称之为“党项”“党项羌”。西夏强盛时，其版图东临黄河，西至玉门（今属甘肃），南控萧关（今宁夏同心南），北抵大漠，是与辽、宋鼎足而立的国家。唐末五代时期，党项羌先后依附于梁、唐、晋、汉、周五个中原王朝，接受其册封，定期朝贡，实际上保持着相对的独立，拥有夏（治今陕西靖边北白城子）、绥（治今陕西绥德）、银（治今陕西横山县）、宥（治今内蒙古鄂托克旗南）等州，势力逐渐强大。

赵匡胤建立北宋后，为集中兵力进行统一南方的战争，无暇他顾，对西夏采取羁縻政策。夏州节度使李彝殷为了自身生存，也需联系中原王朝，取得合法地位与支持，于是遣使入贡，赵匡胤给他太尉头衔，以示优宠。李彝殷因赵匡胤的祖父名叫赵宏殷，遂避讳改名李彝兴，又贡马匹、牦牛，双方使轺往还，关系密切。但是到了李彝兴之孙李继筠时，情况有了变化。李继筠被宋朝封为定难军留后不久，便因病撒手尘寰，由其弟李继捧继位。继捧的叔父李克文时任西京作坊使、绥州刺史，他上书朝廷，认为李继捧不应承袭此职，宋朝也不想让继捧坐大，于是以李克文权知夏州，作坊副使尹宪同知州事，以此来清除党项李氏的割据势力。李继捧失去了权力，内外交困，走投无路，索性率亲属入朝，宋太宗大喜，赏赐甚厚。李继捧知道自己不为叔父与诸昆弟所容，提出愿留在京师，并献出所辖四州八县之地。这一举动正中宋太宗下怀，立即派人到夏州，迁继捧缌麻（五服以内）以上亲属赴阙。

宋太宗消除夏州党项李氏割据势力的打算无可厚非，但他操之过急，又惹出了许多麻烦。

李继捧有个叔伯兄弟叫李继迁，此人桀骜不驯，不是等闲之辈。他11岁时率众人打猎，途中遇到一只斑斓猛虎，众人一个个惊恐万状，不知所措，他让众人躲入树林中，自己爬到一棵大树上，弯弓搭箭，瞄准猛虎，一箭射去，正中猛虎要害，猛虎登时毙命，一时继迁之名饮誉遐迩。他弱冠之年发生了李继捧入朝献地的事，按照宋朝李继捧缌麻之亲都应赴阙的诏令，继迁也在入朝之列。但是他极力反对族兄入朝献地，诈言乳母身亡，出殡郊外，暗藏兵器于棺中，率亲信逃出银州，迤逦来至夏州东北300里之遥的地斤泽（今内蒙古鄂尔多斯巴彦淖尔）。他在这里聚集人马，攻掠宋朝州县。

雍熙元年（984年）九月，宋军侦知李继迁在地斤泽，出其不意乘着夜色奔袭，李继迁猝不及防，仅以身免，宋军斩首500级，烧毁帐幕400个，获羊马粮秣、器械甚多，继迁的老母亲、妻子都被宋军掳去。

李继迁虽败，但并不服输，他整顿残部，复聚于地斤泽，继续与宋朝周旋。但党项诸部势力分散，他统率的士兵又多是未经训练的乌合之众，因此战争多以失败告终。李继迁遂改变策略，向辽朝称臣。辽朝也正想借李继迁之力牵制宋朝，遂封李继迁为定难军节度使，银、夏、绥、宥等州观察处置使，都督夏州诸军事。辽圣宗又把宗族之女封为义成公主，下嫁李继迁为妻。有了辽朝为奥援，李继迁频频骚扰宋朝边境，给宋朝西北边陲的安定构成了极大威胁。宋朝几次招降，都被李继迁拒绝，变本加厉进攻宋朝。宋太宗无奈，只得听从赵普建议，再度封李继迁族兄李继捧为定难军节度使，赐姓名赵保忠，想以此笼络李继迁归降，但李继迁不为所动，继续围攻夏州，大败宋军，辽圣宗大喜，封李继迁为夏国王。

宋朝派大军压境，李继迁自知无法抵御，便诈降宋朝。宋朝未识破李继迁的诡计，竟授他为银州观察使，赐姓名赵保吉，赐其弟继冲姓名为赵保宁，授绥州团练使，封其母为西河郡太夫人。这样李继迁兵不血刃便取得了银、绥两州，又引诱其族兄李继捧降辽，被辽圣宗封为西平王。宋朝不论是军事围剿，还是笼络羁縻，均以失败告终。

李继迁纵横捭阖，势力越来越大，咸平五年（1002年）初攻占灵州（治今宁夏灵武西南），在那里建都，并改为西平府，已初具政权规模。宋朝派人至灵州与继迁议和，正式把银、夏、绥、宥、静（治今宁夏灵武）五州割让给李继迁。此时的李继迁名义上仍是宋朝的藩属，但实际上已向地方政权转化。宋朝虽屡屡笼络李继迁，而李继迁却不断寇掠宋朝沿边诸州。这年十一月，李继迁攻占河西西凉府（治今甘肃武威），吐蕃六合部首领潘罗支诈降，乘李继迁不备，发动突然袭击，李继迁猝不及防，大败输亏，身中流矢，逃回灵州，于景德元年（1004年）正月病逝。

李继迁既死，由他23岁的儿子李德明继位。有人向宋真宗建议，乘继迁新丧，德明刚立，局势不稳之际，出兵将其荡平，统一西北，根绝后患。但宋真宗见不及此，反而派人与李德明议和。李德明并不急于议和，而是先攻杀了宋朝朔方节度使潘罗支，报了杀父之仇。景德元年冬，辽朝军队倾国南下，攻打宋朝，宋真宗也在寇准等人辅佐下北上迎敌，双方对峙于澶渊城下。宋辽双方势均力敌，旗鼓相当，谁也无法击垮对方，只得握手言和，签订盟约，史称“澶渊之盟”。

北方无事，宋朝便加紧了对李德明的招抚。几经谈判，宋朝授李德明为定难军（治今陕西靖边北白城子）节度使，夏、绥、银、宥、静等州管内观察处置押蕃落等使，西平王，食邑6000户，实封1000户，仍赐推忠保顺亮节翊戴功臣。宋朝的节度使虽是虚衔，并无实权，但是俸禄却高于宰相，并给仪仗，称为旌节。宋朝封李德明为节度使，是给了他极高的荣誉，目的自然是希望他感恩戴德，忠于宋朝。李德明之所以愿意与宋议和，是因为“澶渊之盟”后，宋辽关系缓和，他不能再得到辽朝的援助，而与宋议和，则可得到赏赐和其他经济上的利益，议和是权宜之计，趁机扩张领土，谋取自身利益才是他的目的。与宋议和后，李德明一方面遣使至辽，接受其封号，另一方面与宋贸易，发展经济，开疆拓土，修宫室，建新都，从而为西夏建国奠定了基础。

明道元年（1032年）十月，李德明病逝，终年51岁，在位28年。其子元昊袭位，仍称西平王。元昊自幼喜欢读书，通晓藏、汉文字，又善于绘画，是个多才多艺之人。在他青年时期，宋朝边将中就有有关他的种种传说。宋朝镇守西北边陲的大将曹玮很想一睹元昊风采，派人潜入兴州（治今宁夏银川），暗中偷画了一幅元昊肖像，曹玮见了，不禁赞叹说：“真英雄也！”又说，若李德明死，此人必为中国之患。画像人还给曹玮讲了一个搜集来的故事：李德明派人用马和宋朝贸易，获利甚少，李德明大怒，要杀此人，大臣们面面相觑，不敢求情，13岁的元昊对父亲说，你拿战马和宋朝交易，已是失策，现在又因获利少而杀人，以后谁还肯为我们所用。李德明听他所言有理，就放了那人。

天圣六年（1028年）正月，26岁的元昊独自领兵打败回鹘夜落纥可汗，占领甘州（治今甘肃张掖），显示了军事才能，被立为太子。

元昊既已称王，便阴谋反宋。他为太子时，便劝父亲不要对宋称臣。李德明说，我多年用兵，人疲马乏，不想再打仗了。况且我们家族30

余年来穿锦绮绸缎，这都是宋朝的恩德，不能忘恩负义。元昊说，穿皮衣，从事放牧牲畜，是我们党项人的特色。您是英雄豪杰，应当称帝称王，何必穿锦绮衣服？当宋朝册封的使者到达兴州时，元昊故意怠慢，不肯出迎。后经大臣劝说，不得已出迎，但距使者甚远，在极不情愿的状态下接受了诏书。他对左右说，先王大错，有这样的国家，还用得着向别人称臣吗？在设宴款待宋朝使臣时，元昊想自居主位，臣下好言劝说，才按藩属国的礼仪就座。宋朝使臣已看出元昊有不臣之心，但未敢上报朝廷。

元昊袭封后，不想袭用唐、宋所赐的李、赵姓氏，改姓嵬名氏，自称吾祖（又译为“兀卒”，意为天子），改宋朝明道年号为显道，表示要用西夏自己的年号。为统一境内居民发型装束，元昊下令必须秃发，不服命令者格杀勿论。改兴州为兴庆府，定为首都，大兴土木，修建宫殿。设立官制，分文武两班，参照唐、宋官制，有中书省、枢密院、三司、御史台、蕃学院、汉学院等。蕃学、汉学是培养西夏人与汉人官僚子弟的学校。在军事上实行全民皆兵制，凡户有二丁者取一人为正军，平日耕种，有事出征，弓箭、甲胄、粮饷皆由每户自备，全国设十二监司，共有兵50余万人。无论是政治还是军事，西夏都是一个国家的规模了。

元昊羽翼既丰，便出兵骚扰宋朝边境。在称帝之前，他派人到五台山（今山西境内）供佛，实际上是窥探河东（今山西一带）道路，看看从哪里进军方便。使者回来后，元昊与诸部酋长歃血为盟，约定先进攻鄜延（治今陕西延安），分三路进军。元昊叔父山遇劝元昊不可忘宋朝之恩，举兵反叛，元昊不听，山遇遂携妇将雏降宋。宋朝延州（治今陕西延安）知州郭劝却把山遇交给了元昊，元昊怒不可遏，当即把叔父杀死，遂举兵反叛。他派人给宋仁宗送去了一道表文，大意是说，我的祖宗也是出自黄帝一脉，东晋末年创立后魏，远祖拓跋思忠，唐末率兵拯救国难，受封赐李姓，祖父李继迁、父亲李德明都曾向宋称臣。为臣不才，创制了小蕃文字，更改了大汉衣冠，重新制定了礼乐，吐蕃（今西藏）、塔塔（今新疆一带）、张掖（今属甘肃）、交河（今新疆吐鲁番交河城古址）等地莫不宾服。你大宋天子封我为王，我不满意，称帝是我的愿望。如今臣下推戴，事不得已，只能听从。请你允许我设坛备礼，南面称帝。

元昊上这道表文，不啻是向宋朝天子下的战书，不管你是否答应，称帝之事已成定局了。

宝元二年（1039年）六月，宋仁宗下诏削去元昊赐姓及一切官爵。元昊的表文刚送至京城时，宰相张士逊就提出治元昊之罪，其他人也附和说，元昊捣乱，不过是小丑跳梁，大兵一到，便会诛灭。只有谏官吴育说，元昊虽向我朝称臣，但并没有缴纳贡赋，而且时而归附，时而叛乱，这不足为怪。况且如今他已自立为帝，应像我朝初年对待南唐那样，稍改其名称，让他称臣。又说，姑且满足他的要求，使其无所借口，然后再命守边之将预作打仗准备，这样，即使元昊寻衅滋事，也不能造成太大危害了。奏疏递了上去，众人都笑吴育迂腐。仁宗下诏断绝与元昊互市，并在边陲张贴告示，能够生擒元昊或斩首来献者，便授以定难军节度使之职。元昊得知后以牙还牙，派人给宋朝送来一封表明和宋朝决裂的书信，并返还了宋朝所封的诰敕和旌节。

元昊攻宋的第一个目标是延州，延州北部的金明寨是延州的门户，金明寨的守将是李士彬。他就出生于金明，此人骁勇善战，延州人称他为“铁壁相公”。但他有勇无谋，且自以为是，听不进别人的意见，因而不是元昊的对手。元昊先派人诱降，为李士彬所杀。元昊接着派人诈降，李士彬不敢自专，上报给延州知州范雍，请求把他们迁往南方安置。范雍丝毫没有怀疑这些人是诈降，赏以金帛，把他们安置在李士彬军中，于是诈降者日增，李士彬所辖的18个寨中，都混进了西夏间谍。元昊又传令西夏将士，凡遇到李士彬，皆不战而走，说是惧怕“铁壁相公”的威名。李士彬以为西夏真的是惧怕自己，志得意满，疏于防备。元昊在一个月黑风高之夜，在诈降士兵的内应下，攻入了寨城，李士彬猝不及防，被西夏军生擒。范雍原以为金明寨固若金汤，不会失守，眼看西夏大军长驱直入，来到延州城下，不禁心慌意乱，想不出应敌之计。无奈何，只得身披甲胄，征发百姓守城，同时调集环庆路副都部署刘平，命他赴保安军（治今陕西志丹县）与鄜延副都部署石元孙会合，增援土门（今陕西富平县），说是元昊将由土门进军，务必将其拦截。刘平率部日夜兼程，4 天之后到达保安军，与石元孙会合，然后向土门进发。行至途中，得知西夏兵已破金明寨，又接到范雍通知，要他们救援延州，二人马不停蹄返程，于一日夜间行至三川口（今陕西延安西北）西 10 里扎营，先派骑兵赴延州。

当时宋朝鄜延都监黄德和，巡检万俟政、郭遵率兵 2000 余人驻扎在保安军北边的碎金谷，范雍召他们为外援，刘平也派人督促他们火速进兵。行至马铺，刘平、石元孙与黄德和、万俟政、郭遵会合，共有数万人马，结阵东行。距延州还有 30 里，天色已暮，刘平下令埋锅造饭，饭后继续前进。距延州大约 20 里之地，月色朦胧中，忽有一人自称延州来使，说范雍已在延州城东门等候援军，只因深夜入城，不易分辨敌我，怕有奸细混入，士兵可分批入城。刘平、石元孙不辨真伪，下令分队进城，每队走出 5 里，再放行下一队。将近一更时，放行约 50 队，询问延州来使时，那人早已不知去向，刘平等方知中计，急忙挥军前进。行至距延州只有 5 里的五龙川，中了西夏兵埋伏，宋军不足 3 万，西夏兵却有 10 万之多，宋军陷入了重重包围之中。

刘平军与西夏兵皆摆成偃月阵势，相持多时，西夏兵涉水变为横阵，被郭遵击退，西夏军又手持盾牌出击，宋军奋勇抵御，杀死西夏军多人，西夏军溺水而亡者又有多人，二者合计近千人，刘平也中了流矢。到日暮时分，西夏派精兵进攻，宋军稍退，郭遵奋力杀出重围，到后阵黄德和处求援，黄德和见西夏兵势大，不敢进兵，郭遵只得返身再冲入敌阵。

黄德和见宋军退却，忙率部下退保西南山，众军随之，宋兵溃不成军。刘平派儿子刘宜孙追赶黄德和，宜孙抓住他的马辔说，你应当勒马回军，与敌人决一死战，为何率先逃跑？黄德和不听，策马逃往延州城后的甘泉（今陕西甘泉县），刘平派人持剑遮留，得千余人。激战 3 日，西夏军退去，刘平率余部退保西南山，立寨栅防御。约有四更时分，西夏兵团团围住了宋军，绕营大叫说，你们只有这些残兵败将，还不快快投降！等到天亮，一个西夏将领举鞭指挥军队，四面出击，把宋军截为两段。刘平、石元孙奋力死战，但终因寡不敌众而被俘，宋军悉数覆没，三川口之战以西夏大胜告终。其时是康定元年（1040 年）正月，朔风劲吹，大雪纷飞，西夏士兵衣单被薄，露宿野外，加上粮秣不继，无心恋战，只得挥兵退走，延州城这才没有陷落。

二、临危受命

三川口之战，宋朝大败输亏，仁宗命殿中侍御史文彦博在河中府（治今山西永济蒲州镇）设狱审问，黄德和临阵脱逃被判腰斩，范雍指挥无方贬知安州（治今湖北安陆）。

仁宗召集群臣，询问如何安边。大臣丁度上奏说：今我军新败，如果再穷追敌军巢穴，千里运粮，派兵出击，绝非上策。为今之计，不如严守边寨，派人侦察敌人动静，控扼边境要害之处，这才是万全之策。同时他又写了 10 条计策，名之曰《备边要览》。仁宗重新调兵遣将，布置西北防务，以夏守赟为陕西经略安抚招讨使，内侍王守忠为都钤辖（也称钤辖，位于都署、部署下，都监、监押上，原为临时委任的军区统兵官，后转为固定差遣）。知谏院富弼认为二人能力不够，请收回成命，仁宗不听。令夏守赟、王守忠统兵陕西是军事上的部署，还须大臣一人主持政事，仁宗命知制诰韩琦安抚陕西。

其时韩琦刚从蜀中回朝，对西北边事甚为熟悉，仁宗就让他安抚陕西。韩琦上奏说：范雍知延州，措置不当，才导致我军败北。若要振兴西北，就应起用知越州的范仲淹。臣知陛下为西北边陲忧虑，岂敢不竭诚尽言！有人说臣与范仲淹是朋党，贻误国家，若果真如此，请诛杀我全家。仁宗当然知道范仲淹的才能，采纳了韩琦的建议，命范仲淹知永兴军（治今陕西西安）。恢复他原有的天章阁待制之职。天章阁是收藏宋真宗御制文集、御书之处，长官称待制。待制是天子侍从，意味着已进入高级官员行列。范仲淹在景祐二年（1035 年）曾任尚书礼部员外郎充天章阁待制，5 年之后才恢复这一头衔。

康定元年（1040 年）初，宰相张士逊因政绩不佳被谏官弹劾罢职，被贬往大名的原宰相吕夷简入朝复职。适逢范仲淹恢复天章阁待制之职，知永兴军，吕夷简上奏天子说，范仲淹是贤能之人，应该重用，仅仅恢复旧有职务不妥。仁宗当即改封范仲淹为龙图阁直学士、陕西经略安抚副使。龙图阁是收藏宋太宗御书、御制文集和各种典籍、图画之处，长官称直学士。范仲淹面谢吕夷简说，过去以公事冒犯过宰相大人，想不到您如此奖掖后进！吕夷简笑笑说，我怎能念旧恶耽误国事呢？这样，范仲淹未去永兴军，直接到了西北边陲。

范仲淹入朝辞行时，仁宗晓谕他，如今国家有难，朝廷大臣应该勠力同心，为国效力，你和宰相吕夷简应当尽释前嫌。范仲淹顿首相谢说，臣过去与吕夷简有矛盾，都是因为国家大事，并非个人仇怨。临行前又给吕夷简写了一封信，题目是《上吕相公书》，以此表明心迹。他说唐玄宗时郭子仪与李光弼两位大将积怨甚深，甚至见面时都不说一句话，但在平定安禄山叛乱时，两人执手泣别，以忠义互勉，同心同德，终平剧盗，使唐朝转危为安，其间两人握手言和起了关键作用。如今您有郭子仪之心，我没有李光弼的才能，虽然鞠躬尽瘁，恐怕还不孚朝廷所望，因此不胜忧惧之至。吕夷简、范仲淹不念旧怨，握手言欢，被朝野传为美谈。欧阳修后来为范仲淹写神道碑说，吕夷简复相，范仲淹也再度被朝廷重用，两人欢然相约，共同为国效力，因而受到天下人的赞誉。其实，吕夷简的功业比不上郭子仪，范仲淹把他比作郭子仪，是因为吕夷简是调和鼎鼐的宰相，如果他支持范仲淹，范仲淹就可放心大胆地经营西北边陲，如果他从中掣肘，后果便不堪设想。范仲淹拿郭子仪激励吕夷简，是希望他消除政见，支持自己干一番事业，这封信真是寓意深长啊！

范雍被贬知安州后，朝廷任命夏竦为陕西都部署兼经略安抚使、沿边招讨使，担任主帅，负责西北边陲全局，韩琦、范仲淹任陕西经略安抚招讨副使，协助夏竦管理西北边事。经略使一职始设于宋真宗咸平年间，以右仆射张齐贤为经略使，节度环庆（治所为庆州，今甘肃庆阳）、泾源路及永兴军驻军，后来经略使逐渐成为陕西、河东、广南等路长官，总一路兵民之政。按照三人的分工，韩琦负责泾原路，驻渭州（治今甘肃平凉）；范仲淹负责鄜延路，驻延州；夏竦作为主帅，驻永兴军，负责全局。

在此之前，范仲淹曾任过一段短暂的陕西都转运使。他考察了陕西的防御形势，上书说，如今边陲城市有作战准备者占十之六七，关中（函谷关以西）城市有作战准备者十无二三，如果元昊乘关中空虚深入，东边占据潼关，两川（今四川中部地区）的贡赋就无法运抵京师，朝廷也无法安枕了。为今之计，宜在边城严加防范，使之持久可守，充实关内（潼关以西之地）防御，使敌人无隙可乘。如果敌人到了边陲城市，应坚壁清野，不与交战，关中守御严实，敌兵岂敢深入？不出两三年，敌人自然就困弱了，这是上策。如今边城将领请求兵分三路攻打元昊，为臣恐怕太平日久，朝中没有良将精兵，一旦与敌人开战，国家的安危就不可预料了。范仲淹对形势的分析是正确的，宋朝承平数十年，武备废弛，朝廷无安边之臣，军中无骁勇之将，士兵虽多，但战斗力甚弱，而西夏士兵虽少，但个个都骁勇善战、训练有素，宋朝若想翦灭西夏，谈何容易！但是范仲淹的这番话并未引起朝廷重视。

康定元年八月，朝廷命范仲淹兼知延州。范仲淹发现这里的驻军按官阶高低领兵，总管领 10000 人，钤辖领 5000 人，都监领 3000 人，每逢敌人进攻，官小者先出战迎敌，如果战败，再由官阶高一点的出战迎敌，如此作战，几同儿戏。范仲淹说，打仗不选择将领，只按官职大小应战，怎能不打败仗！于是他检阅州兵，淘汰老弱，挑选精干士兵，共得 1.8 万人，分给 6 个将官统率，日夜操练，敌人若来进攻，看其人数多寡，然后再选派精兵对阵。西夏将领得知后，互相告诫说：不要再打延州的主意了，如今小范老子胸中自有数万兵甲，不比大范老子软弱可欺呀！西夏人说的大范老子指范雍，小范老子则指范仲淹。

范仲淹看到这里的百姓长途运送粮草，劳苦疲惫，请求朝廷建鄜城（今陕西富县）为军，宋代在军事要地设军，经济要地设监军的长官称知军，其职掌与知府略同。鄜城建为军后，河中府、同州（治今陕西大荔）、华州（治今陕西渭南华州区）等地的百姓就近把赋税缴纳至此，省了长途奔波之劳，春夏之间也可方便士兵就近吃饭，一举数得，何乐而不为？朝廷同意了这一建议，改鄜城为康定军。范仲淹又在延州周边修建了承平、永平等寨，招回流亡百姓，制定安全保障制度，设立斥候，侦察敌方动向，于是羌、汉之民才相继归来。

这年九月，元昊攻打三川寨（今宁夏固原西北），宋将都巡检杨保吉战死，西夏军连陷几个寨堡。韩琦急忙派遣环庆路副总管任福领兵 7000 人，声称巡视边境，乘着夜色疾趋 70 里，来到西夏统治的白豹城（今陕西吴起县西南白豹镇），一举攻击，破西夏兵，烧毁了敌军的粮草，得胜而还。但西夏兵却攻陷了塞门镇（今陕西安塞县西北）诸寨，形势非常严峻。鄜州（治今陕西富县）判官种世衡献言说，延安东北 200 里处是故宽州（今陕西清涧县北）所在，那里原有堡寨，后来废弃了，如果重新修筑，可以抵御敌寇入侵，右面可巩固沿岸防御，左面可以接收河东送来的粮草，北面可以夺取银州、夏州。

朝廷采纳了种世衡的建议，命他主持其事。西夏自然不能容忍宋朝在这里筑寨，屡屡派兵争夺，种世衡且战且筑，西夏人终未能得手。城堡将要筑成之时，却发现没有泉水，如无泉水，便不能驻军；无法驻军，这里便是一座废城，不能坚守。种世衡招来石工凿井，凿地 150 尺，遇到乱石横亘，不见有水的迹象。石工说：这井不能再凿了，再凿下去，只能是徒劳无功。种世衡摇摇头说：你能断定石层下面没有泉眼吗？先把乱石清理完再说。当下议定挖出碎石一畚箕，赏钱百文。石工们见有赏钱，一个个踊跃凿石，凿过几层岩石后，清澈的泉水果然汩汩流出。

该城建成后，朝廷赐名青涧城（今陕西清涧县），以种世衡知城事。种世衡垦荒种植，招募商贾，货畅其流，青涧城成了殷实富足之地。种世衡又教百姓开弓射箭，以白银为靶的，射中者以银赏之；该服徭役者，也让他射箭，射中靶心者可免徭役；有过失之人，也让他射箭，射中者可免罪。这一措施行之不久，便大见成效，青涧城中百姓人人奋勇，个个争先，都成了射箭能手。

康定二年（1041 年）正月，仁宗因元昊势力日益猖獗而忧心忡忡，派翰林学士晁宗悫赴陕西，询问攻守之策。夏竦拟定了攻、守两策，派副使韩琦、判官尹洙入朝上奏。

仁宗急于求成，选择了攻策，执政的大臣感到为难。大臣杜衍说：以目前我朝的兵力而论，没有击溃元昊的把握，即使侥幸取胜，也不是万全之策。仁宗不听，下诏鄜延、泾原两地宋兵会合，正月间出兵征讨。范仲淹上书说：正月间塞外天寒地冻，万木萧疏，士兵没法隐避，暴露在外，容易成为敌人攻击的目标。不如等到春暖花开，敌人马瘦人饥，那时出兵，容易克敌制胜。况且鄜延临近西夏的灵、夏两州，此两州是元昊出兵的必由之地，我军可按兵不动，仔细观察敌人的动静，只要有隙可乘，为臣便可恩威并用，招徕西夏百姓。如果情况不明，贸然出兵恐怕兵连祸结，战争就不知何时才能结束了。鄜延一路，可暂时打开城门，招纳西夏归降之人。或者派兵选择有利时机进入废弃寨堡，以牵制元昊。仁宗见范仲淹说得有理，便准了他的奏章。

范仲淹的建议虽然尽善尽美，但能否贯彻执行，却又是另一回事了。仁宗下诏西北边陲之事，范仲淹和韩琦可共同商议，如有可能，可以随机应变，即刻出兵。韩琦与范仲淹是至交，是挚友，但在这件事情上韩琦却不同意范仲淹的见解。

他上奏说：鄜延、泾原两处兵力合势，还恐怕不足以击败元昊，如果鄜延以牵制为名按兵不动，那是拿泾原的一支孤军与敌人对垒，岂不是自讨失败！这个建议我不敢苟同，乞朝廷下令，让鄜延同时出兵。

仁宗把韩琦的奏疏拿给范仲淹看，范仲淹说：臣与韩琦勠力同心，对待西夏，无怯懦之意，但兵凶战危，应当谨守壁垒，静观敌军变化，不可轻兵深入，此乃万全之策。知己知彼，沉着稳重，不打无准备之战，范仲淹这一设想是对的。但是韩琦却认为范仲淹是怯敌退缩，又派尹洙去延州，动员范仲淹出兵，范仲淹坚持前议，不肯出兵。尹洙叹息说：范公到底比不上韩公啊！当他把范仲淹不愿出兵的话告诉韩琦时，韩琦不假思索地说，大凡用兵打仗，应置胜败于度外。其实韩琦这话是对范仲淹不满而发的激愤之语，打仗岂有不计成败，明知不可打却偏要去打之理？

韩琦再次上书给仁宗说：范仲淹不肯出兵，意在招纳西夏归降之人，并使朝廷强行接受，这不是臣用兵的本意，臣部下的将士听了，恐怕会消磨打击元昊的锐气。依臣预料，元昊起倾国之兵入寇，也不过四五万人，其中还有老弱妇女。我朝逐路分兵把守，兵力分散，因此多次败北，倘若几路大军一起出动，同心同德，乘着敌人志骄意满之际发起攻击，必然取胜。如今朝廷上下不明白这一道理，一味迁就忍让，致使元昊坐大，实在让人痛心！我朝在西北边陲驻扎 20 万精兵，不主动出击，只防守界壕，消极软弱，自古未有！长此以往，臣恐边陲防守日益空虚，士气日益消沉，粮秣越来越少，兵疲师老，人人思归，元昊得悉这一情况，必然有吞并陕西之野心。请求朝廷派近臣观察敌人形势，商定讨伐元昊之策，要当机立断，不能迟疑。仁宗先前已同意了范仲淹稳扎稳打、不可贸然出兵的建议，便不再认可韩琦的奏章，韩琦不禁抚膺长叹。

正在这时，西夏进攻麟（治今陕西神木）、府（治今陕西府谷县）二州，宋兵则以牙还牙进入西夏边界，以牵制其势。元昊当即派人至泾原乞和，又派塞门寨寨主高延德赴延州，与范仲淹约和，其实这都是元昊的缓兵之计，并非真心与宋朝讲和。范仲淹会见高延德，言谈之间，察知元昊并无归顺诚意，况且高延德只是口头约和，并无上呈宋朝天子的表章，不敢上奏给朝廷，于是便自作主张，给元昊写了一封信，派监押韩周与高延德一起赴西夏见元昊，晓谕他归顺宋朝。

书信的大意是说，我奉天子之命经略西部边陲事务，不愿让宋夏百姓受刀兵之苦，天下之民皆为朝廷赤子，何必分蕃汉畛域？今大王遣使约和，既无文字，议论也不合情理，是以不敢上报朝廷。大王若真有保国庇民之志，真诚议和，谁不称道大王之贤？大王同心向顺，自然不会失去富贵，宗族也必会更获朝廷优恤。大王如听从我所说的话，则上下同享美利，边境之民就可不受战争之苦了。如何处置，请大王认真考虑，勿贻后悔。其实，元昊并无诚意求和，他一边求和，一边准备进攻，范仲淹不知是计，落入了元昊圈套。

泾原路走马承受崔宣把元昊请和的事上报朝廷，仁宗对大臣们说：贼人多诡计，元昊这一招是想离间我朝将士，各路兵马要严加戒备。韩琦也认为，元昊不写表文而空口言和，显然有诈，应加强戒备，不可懈怠。吩咐完将士，自己带一部分人马巡视边境。

韩琦一行来到高平（今宁夏固原），发现元昊果然率军渭州，逼近怀远城（今宁夏固原西），韩琦赶忙回到镇戎军（治今宁夏固原），派出所有士兵，又招募勇士 1.8 万人，命环庆副总管任福率领，以耿傅参军事，泾原路驻泊都监桑怿为先锋，钤辖朱观、都监武英、泾州都监王珪以所部随同作战。

临出发时，韩琦告诫任福要集中兵力，自怀远城趋得胜寨（今宁夏西吉县东南硝河乡），再到羊牧隆城（今宁夏西吉县东南隆德堡），绕到敌军之后。诸寨相距只有 40 里，道路很近，运送粮草方便，若遇敌兵，可以互助支援；如果遭遇敌兵大部队，没有取胜把握，可马上占据有利地形，设下埋伏，截断敌人归路。韩琦叮嘱再三，又郑重交代任福，如果你不听命令，贸然出兵作战，即使立了战功，也要斩首。任福诺诺而退，表示不敢抗命，但内心并不认可。他率领轻骑数千人去怀远县所属的捺龙川，在这里遇到了镇戎西路的巡检常鼎、刘肃，与西夏兵激战于张家堡，任福身先士卒，奋不顾身，斩敌数百人。西夏兵虽小有损失，但并未大败，稍受挫折，便丢弃马、羊、骆驼，向北逃去，其实是引诱宋军。宋军先锋桑怿见西夏军退走，便拍马追赶，任福紧跟其后。不久，侦察敌情的士兵报告说，敌兵不多，不是宋军对手，任福麻痹轻敌，以为西夏不堪一击，这回要立不世之功。

薄暮时分，任福与桑怿会合，屯兵好水川（即今宁夏隆德县西北好水），朱观、武英屯兵笼络川，隔山相距 5 里，两军相约明日会兵川口，必使西夏兵匹马不还。其实宋军已陷入西夏军埋伏圈中，因追赶过急，离老营路远，粮草不继，宋军已断粮 3 日，士兵一个个成了饥饿疲惫之卒。这里元昊已率 10 万精兵埋伏于川口，以逸待劳，等候宋军。第二天平明，任福与桑怿沿着好水川西行。在距羊牧隆城还有 5 里的川道旁，桑怿发现一些银白色泥盒，封装甚严，盒中传出跳动之声，桑怿不敢开启，等任福来到后，才打开泥盒，只见有百余只悬哨家鸽自盒中飞出，在宋军头上盘旋。这些鸽子乃是西夏兵的信号，见鸽子升空，伏兵四起，把宋军团团围住。

桑怿想杀出重围，率先发起冲锋，任福尚未布好兵阵，西夏军铁骑已蜂拥而至，两军激烈交战，战场上流星如雨，杀声震天，自辰时战至午时。元昊在山顶上竖起一面长两丈余的鲍老旗（绘有鬼怪之旗），指挥西夏军。宋军不曾见过这种阵势，惊疑不已。元昊旗往左挥，左边伏兵起，向右挥，右边伏兵起，宋军只得作困兽之斗，但是左冲右突，仍然无法突围。就在这时，元昊率军从山背后冲杀下来，与向山上冲的宋军相遇，饥饿疲惫的宋军抵挡不住西夏这一支生力军，没多久便败下阵来，兵多坠入崖堑之中，复压而死者甚众，桑怿、刘肃战死。

元昊分兵数千，断宋军后路，任福奋力死战，身中十余箭。有小校刘进劝任福退兵，任福说：我身为大将，作战失败，只能以死报国，岂能撤退！说罢，手挥四刃铁简，挺身决斗。西夏兵蜂拥而至，混战中任福左颊中了一枪，血流如注，手中的四刃铁简坠于地上，敌军再来一枪，刺中了任福的咽喉，任福登时毙命，其子怀亮也死于阵中，正应了“出师未捷身先死，长使英雄泪满襟”那两句古诗。

任福既死，西夏合兵一处，全力攻打朱观、武英。此时两路宋军隔山相距 5 里，却音信不通，无法联络。当宋夏两军正杀得难分难解之际，王珪自羊牧隆率步兵 4500 人赶到，渭州驻泊都监赵津率瓦亭寨骑兵 3000 余骑增援，与朱观、武英会师，四员宋将并力进攻西夏军。而西夏军刚打了胜仗，士气正旺，坚不可摧。武英身负重伤，不能指挥军队。西夏军却越来越多，宋军抵御不住，阵脚大乱，东阵步兵先溃，武英、王珪、赵津、耿傅四人先后战死，监羊牧隆城酒税訾斌、陕西部押兵士李简、柔远寨主王庆等俱殁于阵前，宋军死亡 6000 余人，只有朱观率本部 1000 余人退守姚家堡，困守一处民宅中四向放箭，狙击敌军。好在暮色苍茫，西夏兵无处寻觅败退的宋兵，便引兵而去，宋泾原部署王仲宝离西夏兵不足 10 里，急忙赶来援救，朱观这才避免了被歼的厄运。

好水川一战，宋军几十员战将除朱观一人外，悉数化为泥沙，泾原路 1.8 万人马，也损失殆尽。西夏人在山川峭壁上题诗说：“夏竦何曾耸，韩琦未是奇，满川龙虎辈，犹自说兵机。”以此来讥笑宋军无能。当韩琦率领残兵回归途中，那些阵亡者的父兄妻子数千人号哭于马前，拿着死者的遗物和纸钱，招魂痛哭说：你等跟随招讨出征，如今招讨安然归来，而你等却阵亡在战场上了，你等的魂灵能跟着招讨回来吗？哀号之声震天动地，韩琦也驻马掩泣，不能前进。范仲淹得知后叹息说：韩琦当初说，大凡用兵当置胜负于度外，看今天这情况，还能置胜负于度外吗？

宋军失败的消息传入朝廷，仁宗震惊不已，连晚饭都没心情吃了。夏竦派人收拾残兵败卒，在任福身上搜出了韩琦命令任福不得贸然出击的书信，上书说，任福不听指挥导致兵败，罪过不在韩琦，韩琦也上疏检讨，请求朝廷处分。还有人弹劾说任福之败，是因为参军耿傅督战太急，后来找到了耿傅在临死前一天写给任福的信，告诫他要持重，不可盲目出兵，说他督战太急，乃不实之词。经略判官尹洙认为耿傅乃是文官，没有带兵的义务却又死于行阵，还蒙受不白之冤，于是作《悯忠》《辩诬》两篇文字，为耿傅鸣冤。

范仲淹虽未参与好水川之战，但此前他曾命韩周持书信入西夏，面见元昊约和，此时韩周尚未出境，便传来了好水川宋军失利的消息，才知中了元昊的缓兵之计。那韩周到了夏州，元昊并未马上接见他，韩周只得暂住待命。40 余日之后，元昊才命大臣野利旺荣写了一封回信，派人与韩周一起赴宋会见范仲淹。元昊在回信中诈称范仲淹的书信内容不敢让其他将领知晓，因此他回信的语气异常傲慢。范仲淹大怒，对着西夏使者焚毁了元昊的书信，但早已誊抄了一个副本，上奏给朝廷。

元昊的回信共 26 页，其中诬陷、编造说谎的内容竟达 20 页之多。这些不实之词悉数被范仲淹付之一炬，剩下的 6 页又略加删改，然后送往朝中。朝中大臣认为范仲淹的做法欠妥。宰相吕夷简对大臣宋庠说：

人臣无外交，范仲淹擅自给元昊写信，得到回信又焚烧不上奏，换了别人敢如此狂妄吗？又责问韩周不禀报朝廷，擅自进入西夏，应担罪责。韩周辩解说：范仲淹是经略使，有生杀予夺之权，我不敢不服从命令。结果韩周被贬官，监通州（治今江苏南通）税收去了。

仁宗余怒未息，下诏范仲淹说清写信、焚信之事。范仲淹上奏说：臣听说元昊有悔过之意，因此写信晓谕他，要他归降朝廷。只因任福兵败，西夏兵日益猖獗，故复信时言辞悖慢。臣以为如果朝廷见了书信而不能出兵讨伐，则使朝廷蒙受耻辱，我对着西夏使者焚毁书信，表示朝廷并不知此事，则耻辱便只有为臣我一人承担了，因此不敢上奏。仁宗沉吟不语，将此事交付两府（中书门下与枢密院）共议。

大臣宋庠说：范仲淹越权行事，目无朝廷，应当斩首。大臣杜衍则说：范仲淹志在招纳西夏归顺，此乃忠于朝廷之举，何罪之有？双方言辞激烈，争辩不已。宋庠以为吕夷简必然出言相助，而吕夷简却一言未发。仁宗问吕夷简：你是调和鼎鼐的宰相，有何见解？吕夷简回答说：杜衍之言是也，范仲淹做事欠妥，但他忠心辅国，略加责罚就可以了。仁宗点头称是，贬范仲淹知耀州（治今陕西铜川耀州区）。韩琦也因兵败，被撤去副使之职，由枢密直学士降为右司谏，知秦州（治今甘肃天水）。

三、庆州御敌

康定二年（1041 年）四月，范仲淹来到耀州。耀州在延州之南，长安城之北。降官后，范仲淹曾有一表上奏朝廷，说自己才疏学浅，见识不高，做事任意狂率，受到贬谪是咎由自取。朝廷因边陲不靖，因此不使用我这有过错之人，只因国有急难，臣自当忘身忘家，身膺重任，不敢逃避。只要对国家有利，臣不怕触犯法网，虽因此致祸，给臣带来羞辱，臣也不计较。范仲淹受了委屈，仍然以大局为重，不改忧国忧民的初衷。到了耀州，照例又有谢上表。在《耀州谢上表》中，范仲淹为自己作了辩解。

他说：宋将任福败北之后，元昊越来越傲慢，他写来的信我不敢开封，打算进呈朝廷。部下张亢说，朝廷曾有规定，如果收到外国章表，必须打开观看，如果文字中有涉及对朝廷不恭敬语，要立即销毁，免得流毒四方。为臣我考虑再三，才打开了元昊的来信。朝廷既有可以打开外来文字的命令，况且又是元昊写给为臣的信，于是便同张亢一起打开观看，信中果有悖慢不逊之言，臣恐玷污了陛下尊严，更害怕传闻于外，被轻薄无德之人添油加醋，当作笑谈资料，对国家有害无益，臣决定销毁，只存留书信后半部请求两国通好之言，以及韩周等别有请求等事，一并送交枢密院。臣前后措施，皆符合朝廷规定，并无不妥之处。倘若朝廷欲雪边将失败的耻辱，大加讨伐，以振国威，也当深思熟虑，必须持重而缓图之。或者朝廷遣一介使臣，至西夏晓谕利害，元昊能够接受，也是天下一大幸事。臣以为臣之所作所为，于和、战两策都没有妨碍。

仁宗仔细阅读范仲淹的奏章，见他说得有理，贬官之事的确孟浪操切，但圣旨已下，自然不能马上收回成命，只能另择时机再起用范仲淹。

范仲淹知耀州时已 53 岁，过了知天命之年，鞍马劳顿，政务丛脞，再加上因贬官而心情不快，刚到耀州就病倒了。

原来他在饶州时就患了眩晕之疾，一次正接见宾客，忽然晕倒，不省人事，经过抢救，才转危为安。以后久坐则头晕，政务多时就内心烦躁。来到延州后，又几次发作，但当时战事正殷，无暇就医，只得作罢。如今赴任耀州，因天气炎热，跋山涉水，导致旧疾发作，近日颇有加剧之势，头目昏沉，食欲不振，举动无力，勉强维持。因此他在《乞小郡表》中要求朝廷调整他的官职，或在当地，或在随（治今湖北随州）、郢（治今湖北钟祥）、均（治今湖北丹江口市西北）、汝（治今河南汝州）之间选择一个小州养病，以便早日痊愈。如果药物有效，身体恢复，当再为朝廷效力，以报圣恩。

仁宗知道范仲淹是满腹经纶又对朝廷忠心耿耿之人，何况又值宋夏交恶，正在用人之际，自然不允范仲淹所请，而是在他来耀州还不到两个月之际，任命他知庆州，兼管勾环庆路部署司事。范仲淹以国事为重，未再重提去一小郡的要求，办理完交接手续，到庆州赴任去了。

当时在陕西负责抵御西夏的是夏竦和陈执中，夏竦判永兴军，官职是陕西经略安抚使，是文官；陈执中是陕西经略招讨使，主管军事，两人意见不合，朝廷命夏竦屯驻鄜州，陈执中屯驻泾州（治今甘肃泾川县）。为牵制西夏，又命范仲淹知庆州，兼管勾环庆路部署司事。

起初元昊起兵叛宋时，曾威胁利诱居住在环庆路的羌人相助，环庆路的羌人酋长组织了600人为元昊当向导。这些人熟悉当地路径，贪图蝇头微利，往往引导西夏兵攻宋，给宋兵造成了不少损失。而夏竦巡边，又往往带着美女侍婢，尽情玩乐，不顾士兵死活，几乎酿成兵变。元昊下令有拿夏竦首级来见者，赏钱3000文，表示对夏竦的轻蔑。

范仲淹到了庆州，便上奏朝廷，请求巡行边境，获准后他以诏书名义约见羌人酋长，传达朝廷安抚之意。酋长受了元昊蛊惑，首鼠两端，犹豫不决，不肯明确表示归顺朝廷。范仲淹以朝廷名义犒赏羌人，又与他们订立条约，保证其合法利益不受侵犯。羌人见范仲淹言辞温和，态度诚恳，都唯唯应命，表示不再帮助元昊，称呼范仲淹为龙图老子。

这年九月，朝廷恢复了范仲淹户部郎中的职务。宋代管理全国行政事务的机构叫尚书省，尚书省下辖吏、户、礼、兵、刑、工六部，部长称尚书，副长官称侍郎，郎中也是户部的高级官员，地位仅次于尚书丞与侍郎。这一官职在元丰改制前只是寄禄官，即按照这一级别领薪俸，与实际职务无关。尽管如此，这意味着范仲淹又回到了朝廷高官行列，重新得到了朝廷的信任。

这年十月，夏竦和陈执中都被罢免了职务。知谏院张方平知道夏、陈二人不和，而夏竦虽领兵，却无军事才能，上书弹劾他说，夏竦在陕西领兵三年，很少出兵与西夏对垒，一旦出兵，必定败北。西夏兵不来则已，一来便伤害百姓，夏竦束手无策，不能应对，这样的统帅要他何用！如今打了败仗只责罚将官而不责罚统帅，岂非刑赏不公！于是朝廷命夏竦判河中府，陈执中知陕州（治今河南三门峡陕州区）。又把西北边陲的防御分为秦凤、泾原、环庆、鄜延四路，韩琦仍知秦州，王沿知渭州，范仲淹知庆州，庞籍知延州，各兼经略安抚招讨使，分别领兵御敌。张方平又上书说，这四人中王沿本事平平，不当与韩琦等人并列，仁宗没有答复。

范仲淹仔细研究如何防御西夏之策，又征询部下意见，人言籍籍，有言攻者，有言守者，各执一词，意见不一。适逢朝廷派大臣梁适来陕西公干，又专门到庆州与范仲淹议论边事，范仲淹已胸有成竹，提出了攻、守二策。如何主动进攻？他说：延安之西、庆州之东有百余里的土地被西夏侵占，其中有金汤、白豹、后桥三寨，阻断了延安和庆州之间的道路，两地兵力无法相互策应，不夺回此三寨，就不能消弭边患。为今之计，应从鄜延、环庆、泾原三路调步兵3000人、骑兵5000人攻取三寨。在进入三寨之前，要申明纪律，投降者可赏，杀降者斩；俘获敌方精兵劲卒者赏，杀害老幼妇女者斩；抗拒不降者杀，率先归降者妥加安置；逃遁者不必追赶，留下者不必迁徙。攻下三寨之后，要增修加固，以利防守，防守要比旧寨多出一倍，方能稳操胜券。敌兵若大举进攻，要做好侦察，迅速调集援兵，坚壁清野，敌军捞不到便宜，自然退走。若敌军小规模进犯，可扼要设伏消灭之。若无战事，可督促士兵营田积谷，徐图进取。这就是攻策。

当然，有了攻策，还须有守策，方可保万全。西夏居绝漠之外、黄河之北，距离辽远，地势险要，攻取不易。我朝兵马劳师远戍，怀乡思亲，粮秣不继，因此难于消灭夷狄。汉代赵充国在西北屯田，给养充足，大破先零族；魏武帝曹操在征战之中，分一部分士兵带甲屯垦，数年之间，积粟甚多，仓廪皆满；唐代屯田，仅天宝八载（749年）一年，河西（今甘肃河西走廊与湟水流域）便收获26万石，陇西（今属甘肃）收获44万石。不久前我在延安时见守卫青涧城的种世衡也效法古人屯田，收获万石。当今的边寨，皆可让弓手、士兵把守，在城寨附近垦田耕种，根据田亩多少规定赋税，多余的粮食由官府收购，这样一来，耕田者有收成，官府也得到好处，不必从千里之外运输粮食了。如果让士兵的家属也迁入塞下，共同耕种，士兵既照顾了父母妻子又可安心耕田，岂不是一举两得！

范仲淹既总结了历史经验，又列举了种世衡营田的现状，说得入情入理。梁适回朝时，把攻、守二策都带到了朝廷。仁宗皇帝大概是认可了范仲淹的攻、守二策，后来在陕西四路均设营田使，与范仲淹的建议不无关系。

趁着梁适回朝之便，范仲淹又给吕夷简捎了一封信。吕夷简是炙手可热的宰相，与范仲淹有过矛盾，如今范仲淹任职边陲，有必要与吕夷简搞好关系，免得他事事掣肘。但范仲淹在信里说的都是国家大事，没有一件私事相托。他说宋朝自太祖以来重文轻武，以致文法、钱谷之吏遍布天下，他们以克扣百姓、升迁官职为事业，没有经营天下的雄心壮志，因此，一旦与西夏交战，便感到人才缺乏，这种局面必须改变。如今鄜延、环庆两路统帅，一用文臣，一用武将，泾原、秦凤两路也应如此，文武二臣和衷共济，才能守好边陲。仲淹是文臣，愿意把环庆路让给武将。

范仲淹修筑大顺城，是他守卫边陲的一大功绩。大顺城原名马铺寨，位于庆州西北华池县境内，正是后桥川的出入口，在西夏境内，是冲要之地。如能在这里筑城，既可阻断西夏与宋朝边陲上的少数民族部落交往，也可扼制西夏军队骚扰延州的通道。范仲淹为防筑城之事外泄，决定秘密进行，当准备工作就绪后，才派他的长子范纯祐出其不意地攻占了马铺寨，自己领兵紧随其后策应。诸将不知为何出兵，行至距马铺寨不远的柔远寨（今甘肃华池县）时，才发现范仲淹未雨绸缪，筑城的工料早已准备妥当了。众人勠力同心，只用了十来天工夫，一座崭新的城堡便矗立在边陲了，朝廷赐名为大顺城。

西夏人得知消息，派3万士兵争夺，交战不久，西夏兵便退兵而走，引诱宋兵追赶。范仲淹识破了敌军的诡计，下令停止追赶。后来得知，西夏军果有伏兵，众人皆佩服范仲淹多谋善断。大顺城建成后，西夏军不敢再来进犯，边陲安定了。范仲淹在返程途中，春风拂煦，桃花盛开，引起了他的诗兴，随即口占一绝，题目是《城大顺回道中作》：

三月二十七，羌山始见花。

将军了边事，春老未还家。

西北边陲天气寒冷，到了三月二十七日才见桃花开放，蓦地想起春色将尽，自己还在疆场奔走效命，没有时间回家。这首诗写得含蓄深沉，与唐人王昌龄的“秦时明月汉时关，万里长征人未还”有异曲同工之妙！

仁宗知道范仲淹丹心为国，擢升他为邠州管内观察使。

宋承唐制，在诸州设观察使，无职掌，无定员，不驻本州，为武将的寄禄官。观察使的级别相当于秘书省的长官秘书监，但薪俸却是秘书监的4—5倍。和范仲淹一同升迁的还有知秦州韩琦为秦州观察使、知渭州王沿为渭州观察使、知延州庞籍为鄜州观察使。范仲淹认为，现在升迁，不合时宜，有六不可。最主要的是，臣至边陲以来，常责将士上报国家，不图虚名，不求恩奖，因此士卒同命。如今将士未获恩奖，臣一年之中三次升迁，何以服众？他们还能用命吗？自古将帅与士兵同安乐，共忧患，士兵才能同心同德，勠力破贼。唐代安禄山叛乱，河北

30余城皆归于贼手，这些城池并非被安禄山攻陷，而是因为朝廷对士兵刻薄寡恩，镇守这些城的士兵自愿降贼的。今之战士按朝廷规定吃粮，按规定立功受奖，并无特殊赏赐，而臣却得到了千钟之禄、千金之赐，士兵们眼睁睁地看着我把钱财放在家里，心中定有不平之气。臣恐此辈某一天会乘怒发作，劫持长官投降贼人，给国家带来灾难。还有，臣自到边陲，那里的熟户蕃部都称呼臣为“龙图老子”，甚至于西夏之人也如此称呼，他们不知道为臣官职大小、品位高低，都认为臣是朝廷衮衮大员而畏惧尊重。如今西夏沿边小小头领都有观察团练使的官职，臣若接受观察使这一官职，西夏人知道，肯定会轻视为臣，这不利于边陲防守，请圣上三思！大概是受了范仲淹的影响，王沿和庞籍也请求辞去观察使之职，只有韩琦欣然接受了这一任命，他说朝廷关心边陲之事，才给了观察使之职，当臣子的怎能择官呢？

为辞观察使之职，范仲淹三次上表，又给吕夷简写了一封信，再次申明辞官缘由。他在信中说：我幼时孤独，受人冷落，常思有五斗禄米侍奉萱堂，于愿足矣。今朝廷给我如此高的恩宠，我的福可谓大矣。但我听说，福者祸之所伏，故绕道而走，以避开这一任命。我今居诸将诸军之上，要求别人以死报国，而自己却无功受禄，于心何安！我躲避这一任命，并非偷生苟安，而是别有考虑。您在朝内运筹，我等在边陲效力，内外协和，方能措宗庙社稷如泰山之安。请您“恕狂者之多言，采愚者之一得”。吕夷简读罢这封信，未置可否。由于范仲淹的一再坚持，朝廷同意他仍以龙图阁直学士、左司郎中之职担任边事。庞籍也去掉了观察使之职改为龙图阁直学士、吏部郎中。

庆历二年(1042年)闰九月，知延州庞籍上疏朝廷说，西夏境内大旱，老鼠为害，啮食庄稼，西夏国库空虚，不想再与宋朝为敌，愿意纳款归降。保安军守将刘拯晓谕元昊亲信野利刚浪唛、遇乞兄弟二人说，你们两人统率有灵州、夏州之兵，如能归降，朝廷当不吝分茅裂土之赏。刚浪唛得知，马上派部下浪理等三人到种世衡处乞降，又派李文贵到青涧城给种世衡说，西夏长期用兵，资源匮乏，人心思和。种世衡与庞籍商议，西夏议和有诈，不能听信其一面之词，于是顿兵青涧城，拘留李文贵当作人质。隔了几日，元昊果然大举入寇，攻打镇戎军（治今宁夏固原）。王沿也派副总管葛怀敏率诸寨兵马抵御，分诸将为四路，商定在定川寨（今宁夏固原西）会合。元昊料到葛怀敏必去定川寨，拆毁了路上的桥梁，截断了葛怀敏的归路，葛怀敏与部下将佐 14 人阵亡，9400 名士兵、600 匹战马皆落入敌手，宋军大溃。元昊乘胜直抵渭州，焚荡庐舍，屠掠民畜。宋朝边境一夕数惊，自泾州、鄜州以东，皆闭垒自守，不敢与西夏作战。范仲淹率领庆州的汉、蕃士兵增援，元昊见宋军势大，料是占不到便宜，才挥军退去。

自宋夏交兵以来，宋军一败于三川口，二败于好水川，三败于定川寨，朝野震惊，举国不安。有人给仁宗建议，用金帛贿赂契丹，让契丹攻打西夏。仁宗当即采纳了这一建议，派御史中丞贾昌朝出使契丹。

贾昌朝不同意这一主张，上疏说：太祖收方镇兵权，给天下带来了太平。太宗时所用将帅多是旧臣，因此所向克捷。近年西羌叛乱，临时选择将领，又屡次更换，士兵平时也不加训练，以屡易之将驾驭不曾训练的士兵，故每战每败。如今武臣多出自朝廷亲信故旧，素来不娴兵旅，一旦命他为将，成千上万士兵的性命就毁在他手中了。臣请自今以后方镇守臣不可轻易更换，刺史以上官员应谨慎除授，以待有功之人。派人领兵之时，应充分信任，一切便宜从事，这才是驭将之道。仁宗看了，怦然心动，打消了联络契丹制服元昊的念头。

早在好水川战败后，仁宗就派王尧臣为体量安抚使巡视陕西。王尧臣看到韩琦因兵败贬官秦州，范仲淹贬往耀州，当即给天子建议，范、韩两人忠义智勇，不应置于闲散之地，迨至葛怀敏战死，仁宗想起了王尧臣的话，如果重用范仲淹、韩琦，赋予两人更大的权力，战争也许会是另外一种结局。仁宗还考虑让知秦州的文彦博与知庆州的范仲淹对调，派内侍王怀德赴庆州与范仲淹商议。

范仲淹上奏说：泾原乃战略要地，臣请求与韩琦共同经略泾原，并驻泾州，韩琦兼领秦凤路，臣兼领环庆路。泾原如发现敌情，秦凤、环庆路之兵可成掎角之势前进。若秦凤、环庆两路发现敌情，也可率泾原之兵支援。为臣当与韩琦练兵选将，逐渐收复横山（今陕西榆林横山区），以切断敌人的臂膀，不过几年，西夏即可平定。请求陛下命庞籍兼领环庆路，与臣所率之兵成首尾之势。秦川之事可委托文彦博，庆州之事可交给滕宗谅打理，渭州只用一武将足矣。仁宗采用其策，设置陕西经略安抚招讨使，管理四路之事，在泾州设府，增添 3 万名士兵，以韩琦、范仲淹、庞籍三人分别统率。

王尧臣又上疏说：韩琦等既为陕西四路招讨使，那么四路之兵应当统一管理，其他诸路不应再设招讨使，以免互相掣肘。知庆州滕宗谅也说，自定川丧败后，朝廷已命韩琦、范仲淹等统率四路所有事宜，其他各路帅臣应当接受指挥，不可再设招讨使，与韩琦、范仲淹分庭抗礼。于是仁宗下诏说：韩琦、范仲淹、庞籍三人已有招讨使之职，其他诸路招讨使、招讨副使之职一并罢去，今后不再设立，以统一事权，防范西夏入侵。又恐怕边陲事发突然，来不及禀报朝廷，又特别下诏给陕西招讨使韩琦、范仲淹、庞籍三人，如果军情紧急，来不及上奏朝廷，可以便宜从事。范仲淹、韩琦久在军中，名重一时，人心归服，朝廷倚为干城。两人号令严明，爱护士卒，所得赏赐悉数分赐部下，羌人部落在宋朝当人质者，范仲淹管制甚松，让他们任意出入，不加防范，结果无一人逃逸。羌人酋长来见范仲淹的，仲淹竭诚相待，把他们召到卧室中，撤掉侍卫士兵，与他们谈话一如家人。范仲淹在边陲 3 年，威信大著，士卒用命，边境粗安。边境上有民谣说：“军中有一韩，西贼闻之心胆寒；军中有一范，西贼闻之惊破胆。”

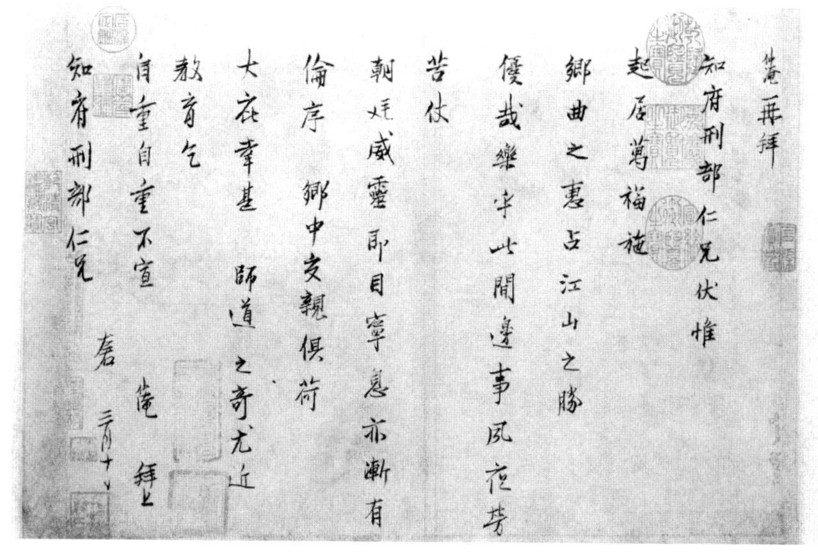
淹再拜
知府刑部仁兄伏惟
起居萬福旆
鄉曲之惠占江山之勝
優哉樂乎此間邊事夙夜勞
苦伏
朝廷威靈即目寧息亦漸有
倫序 鄉中交親俱荷
大庇幸甚 師道之奇尤近
教育乞
自重自重不宣 淹 拜上
知府刑部仁兄 二月十八日

范仲淹墨迹《边事帖》

范仲淹在庆州时，还有一事值得称道。有人请他写一篇墓志铭，范仲淹答应了，碑文中涉及墓主一件见不得人的事，一天夜里范仲淹梦见墓主对他说，你碑文中写的那件事的确有，但没有人知道，如今你写进碑文中，很多人就会知道，这对我的名声极为不利，请你删掉。范仲淹回答说：如果我替你隐瞒此事，另一人便会无辜受人责骂。你既然做了见不得人的事，我又没有诬陷你，碑文不可更改。墓主恶狠狠地说：你若不删掉，我就要你儿子的命！范仲淹说：死生由命，碑文不可改。不久，范仲淹次子纯仁果然生病。过了几天，墓主又托梦说，我岂能夺走你儿子的性命，现在我请求你把那段文字删掉，你儿子就安然无恙了。范仲淹不为所动，到底没有改。这段记载收录在《范仲淹全集》中，方士之言，不可凭信，死人托梦，荒诞不经。但范仲淹为人刚直，不受权势、利禄的蛊惑是始终如一的，这则记载就反映了范仲淹这一性格。

四、宋夏议和

庆历三年（1043 年）正月，元昊上书宋朝，愿意议和。当时西北边陲用兵已久，人心厌战，仁宗也不想再继续用兵。适逢契丹使者至京师，也说元昊打算归附朝廷，仁宗于是秘密下诏给庞籍，让他招纳西夏归顺。仁宗说，只要西夏称臣，即使僭号称帝，也无妨大局，若改称单于可汗，就更好了。庞籍以为元昊新胜，必然骄傲，如我朝派人议和，他岂不更加傲慢！于是把扣押在青涧城的西夏使臣李文贵召来说，你国先主与现在的主子奉事本朝，皆不失臣子之理，后来发兵相攻，使两国之民肝脑涂地，都是你们这些当臣子的过错！你国侵犯我朝边境之初，因为国家承平日久，百姓不习战斗，故屡屡败北。如今边民已经训练多时，你们还能常常取胜吗？我朝富有天下，虽然打了几回败仗，但无大的损害，你们是个小国，打一回败仗，说不定江山就化为乌有了。我朝天子博爱四海之民，无意使你国残破，请你回去告诉你国国主，若能悔过从善，称臣纳款，使两国之民不再有战争，天子优待你主必超过以往。李文贵顿首说，这是西人日夜盼望的事啊！如果彼此休兵，谁不从中得到益处呢！

庞籍见他言辞诚恳，有求和的意愿，便放他回归西夏，又赏赐他银钱，表示宋朝的诚意。元昊与宋朝打了好几年仗，弄得国库空虚，士卒疲惫，早想议和，但又不愿和议之名出自己口，今见李文贵平安归来，甚为高兴，仍派他去延州议和。但元昊倔强，不肯削去帝号，仍称大夏皇帝。庞籍诘问李文贵，文贵回答说：大夏国运正隆，好比日到中天，只可顺天西行，怎能逆天东下？庞籍认为西夏不肯称臣，不是真心议和，自己无法做主，请西夏与朝廷商议。不久，朝廷下诏给庞籍，准许元昊议和。元昊得知消息，派遣六宅使贺从勖与李文贵至延州上书，自称“男邦泥定国兀卒，上书父大宋皇帝”。“邦泥定国”是汉文“大白高国”的西夏语，“兀卒”即是“吾祖”，元昊改名曩霄。元昊对宋朝可以称父，但仍不肯称臣。庞籍认为元昊这封信名不正，言不顺，不敢上报朝廷。贺从勖说，西夏以儿子之礼侍奉宋朝如父亲，和大臣侍奉天子不是一样吗？我愿到京师朝见天子，如果天子不准，那时再做商议。庞籍于是上奏说，元昊自背叛以来，虽屡有胜仗，但未能与我朝商贸往来，百姓穷困，多有怨言。今见其书中语气稍为缓和，必有归附朝廷之心。请陛下允许贺从勖赴阙，还请陛下遣一使臣到西夏宣谕。

这年三月，仁宗派大臣梁适到延州，与庞籍商讨招纳元昊的具体办法，允许贺从勖赴阙。宋朝大臣中对此意见不一。范仲淹与韩琦因在泾原一带已实施了攻防之策，因此不同意与西夏议和。两人上疏说：今元昊派人去京师，商讨纳和事宜，如果不肯去掉帝号，则不能答应。如果元昊言辞谦恭，礼数周到，朝廷准许议和，也要加以提防，免得出现后患。集贤校理余靖也认为不可议和。大臣富弼也说：元昊使臣经过之处，各州的官员都到驿站迎接，规格过高，容易滋长元昊的气焰。仁宗急于求和，对此置之不理，派著作佐郎、签书保安军判官邵良佐与王士元出使西夏。

邵良佐出使西夏前，陪伴西夏使者贺从勖至京师，住在都亭西驿。元昊的书信交到中书门下、枢密院后，两府指出，书信措辞不当，元昊改过的名字有一字又犯了天子祖上圣讳。虽然书信中元昊自称为“男”（即儿子之意），显示出情意恭顺，但是父子之间也没有不称臣之礼。宋朝提出的议和条件是：今后元昊再给朝廷上书，只能写旧名，不能写犯了圣讳的新名；朝廷可册封元昊为西夏国主，给元昊的诏书中可不提元昊姓名，允许他自设官员；西夏使臣入朝接受宴请，应坐在朵殿（大殿的东西侧堂）上，接见西夏使臣的礼数与契丹相同；如果西夏派人到边界领取朝廷所赐之物，也可听从；在保安军设置榷场，供两国贸迁有无；每年赏赐西夏绢 10 万匹、茶叶 3 万斤；许可在乾元节（天子诞辰）时、新正（正月初一）时派使臣到朝廷祝贺；两国沿边寨栅如损坏的可照旧修复。仁宗下诏让邵良佐与贺从勖赴西夏商议。

元昊针对宋朝提出的条件提出了多达 11 项的要求，核心仍是称男不称臣。欧阳修说，元昊此番派人赴朝全无诚意，不肯称臣，索要东西甚多，口气不小，是想强迫我朝就范。他建议急修边备，以图胜算。大臣蔡襄也说，元昊自称兀卒，既而又称为吾祖，这是侮慢朝廷，如果朝廷赐他诏书，他仍自称吾祖，这不是使朝廷难堪吗？不可允许他和议的请求。大臣富弼说，元昊称臣于契丹而不肯臣服我朝，是表示契丹无敌于天下，必须让元昊称臣，方可许和。仁宗皆不听。

范仲淹则提出了不同见解。他给仁宗上疏说：臣阅读史籍，见前代帝王与戎狄结和通好，礼意甚重，不是力不足以制夷狄，而是怕边事不息。战争不止，困扰百姓，用兵日久，必生其他变故，会给社稷带来忧患。如汉高祖刘邦、唐太宗李世民身经百战，无坚不摧，还要屈膝和戎狄和好，就是怕给国人带来麻烦。等到国力强盛，将帅得人之时，就长驱破虏，以雪天下耻辱。如今契丹、西夏合谋并力，夹困中原。西夏用兵数年，但都没有讨到更多便宜，反而劳民伤财，弄得财政拮据，这才不得不和我朝议和。延州所属的塞门寨和河东丰州（今陕西府谷县西北）都有人居住，能为我朝提供赋税。如今那里的人都被西夏兵驱逐西去，那里的土地就成了无人居住的隙地，这片土地是否归我朝所有，都无关大局。如今许多人都认为必须收复塞门，以全疆土。我朝易州（治今河北易县）陷于契丹之手，灵州、夏州陷于西夏之手，人们都不曾提及，现在却求无用之地，令人不解。西夏人吝啬，要求多赐予货物，我朝不必多与纠缠。西夏既称陛下为父，于情于理都已经顺畅，其余的可以好好商量，使双方达成和好。然后我朝再重新商讨边陲事宜，撤走驻军，减少粮秣开支，让百姓有耕种田地的安定环境。同时选择将帅，训练士兵，使国富民强，静观四夷变化，乘势而为，这才是帝王有道之术，社稷无穷之福。如果不计后果，一定要和西夏争个是非曲直，使天下亿兆百姓受无穷之苦，说起来容易，行动起来却不容易。

上这个折子时，范仲淹已调入京师，出任参知政事。他这番议论经过了深思熟虑，认为疆界上的一些荒地对我朝没有多大用处，不必与西夏争夺，只要西夏认真议和，对两国都是福音。对于范仲淹周到细致的分析，仁宗没有异议。

庆历四年（1044 年）五月，元昊派人上誓表说：两国失和已历 7 年，我今日立誓，以前双方所掠将校、民户，都不再归还，边境上百姓逃亡，也不得派兵越界驱逐。臣已将本国城寨交给朝廷，但边境蕃、汉杂居之地，请求在中央画界，界内听从修筑城堡。朝廷岁赐绢 13 万匹、银 5 万两、茶叶 2 万斤，进奉乾元节回赐银 1 万两、绢 1 万匹、茶叶 500 斤，庆贺正旦回赐银、绢、茶叶等，请求朝廷如数拨付，不要更改。还请颁下诏书，世世遵守。仁宗均一一答应。

这年十二月，仁宗派尚书员外郎张子奭为册礼使，册封元昊为夏国国主，对宋称臣，改赐敕书为诏书但不写姓名以示尊宠。允许西夏自主设置官属。西夏使臣至京城，可在驿馆与宋贸易，宴请时坐于朵殿上。朝廷如遣使至西夏，可以宾客礼相见。在保安军和高平寨（今宁夏固原北）设置榷场，供两国贸易，但青盐不在贸易之列。和议虽然达成，而元昊依然桀骜不驯，仍然称帝如故。朝廷派人到西夏勘定疆界，西夏只让使臣驻在宥州，不让使臣前往兴州和灵州，因为兴州是西夏都城。宋朝空有行封册之名，只用重金换来所谓的西夏向宋称臣，得到的只是为时半年之久的短暂和平。

五、知人善任

范仲淹自康定元年（1040 年）三月从知越州调任知永兴军，尚未到任，便改为都转运使，庆历三年（1043 年）四月，被任命为枢密副使，返回朝中，在西北边陲效命长达 3 年之久。

在兵革不断、烟尘四起的西北边陲，范仲淹知人善任，赏罚分明，恩威并用，培育了一大批军事人才，为巩固西北边陲，防御西夏侵犯，迫使西夏求和做出了重要贡献。他在《上攻守二策状》中把军中将领作了划分：勇决身先者居其前，王信、狄青、范全等人是也；可用策应者居其次，如任守信、王达、王遇等人；可当一队者参于前后，如张信、王遇等人；有心力干事者营立城寨，如周美、张璨等人。哪些人适合充当前锋，哪些人适合策应，哪些人可以断后，哪些人适合筑城建寨，范仲淹都了然于胸，其时范仲淹刚来边塞才 1 年。

庆历二年（1042 年），范仲淹与韩琦联袂给仁宗上奏的《奏边上得力材武将佐等第姓名事》中举荐了 15 位将领，请朝廷量才录用。这 15 位将领中第一等 4 人，第二等 11 人。范仲淹用人的原则是看重气节，不计较小过失。他说：没有瑕疵的人不多，可以做宰相，至于一般人，犯了点小错误，如果你不再用他，岂不成了废人？因此军中凡犯错误贬黜者，都编入龙骑军效力。又说诸葛亮用人，欲尽天下之才，喜欢的人要用，不喜欢的人也要用。诸葛亮能用度外之人，即不按常规用人，因此能成大事。

范仲淹对狄青有知遇之恩。狄青幼小善骑射，曾在为宫廷养马的御马院服役，元昊反叛，朝廷挑选卫士戍边，狄青入选，任延州指使（北宋低级武官，从九品）。当时宋军屡败，士气低落，士卒多畏怯不前，狄青常为先锋，4 年间大小 25 战，8 次身中流矢，破敌甚多，修筑的寨堡皆扼敌军要害。在一次战役中，狄青受伤甚重，得知敌军大批涌来，不顾创伤，身先士卒，直冲阵前，士兵争相效力，终于得胜。每逢出战，狄青都戴铜面具，纵横敌军中，如入无人之境。经略判官尹洙与狄青谈论兵法，见狄青谈吐不凡，很赏识他的才干，推荐给经略使范仲淹、韩琦，说此人是良将之材。范、韩两人待之甚厚。

范仲淹与狄青讨论西夏事宜，发现狄青只说如何兴兵御敌，对于古代兵法知之甚少，便送他一本《左氏春秋》说，作为领兵将帅，如不通晓古今历史，光会冲锋陷阵，那是匹夫之勇，不足为训。狄青甚为感激，于是折节读书，不但把《左氏春秋》读得烂熟于心，而且对秦汉以来将领如何排兵布阵也都如数家珍。从此他名传遐迩，成为一员名将，屡立战功，曾以彰化军节度使知延州，又擢升为枢密副使。

狄青在行伍中历练10余年，成为朝廷的显贵大臣，但脸上刺字涂墨的痕迹仍在，仁宗说，你如今身为朝廷大臣，脸上仍有刺字涂墨的痕迹，不合时宜，你可用药除字。狄青说，陛下以臣之军功擢升官职，不问门第出身，臣之所以有今日，正因脸上有刺字才发愤图强。臣愿保留脸上的字以激励部下将士，不敢奉诏。仁宗未再强求他去除脸上的字。范仲淹给狄青的评价是："有度量勇果，能识机变。"

种世衡世居洛阳，康定初年任鄜州签书判官时，与范仲淹相识。他在宽州废垒修筑青涧城之事，给范仲淹留下了深刻印象。这座城右可捍卫延安，左可致河东之粟，是一个战略要地。种世衡在青涧城开垦田地2000顷，招募商贾，贷给本钱，让他们贸迁有无，赚取利润，城中百姓由是致富。世衡还经常巡视边境上的羌人，抚慰酋长，与他们亲密无间，甚至解下佩带赠给酋长。有一次他正宴请宾客，有人来报告敌情，高兴之余，他把吃饭饮酒用的器具都赏赐给了那人。种世衡的豪爽声名远播，所属羌人皆乐意为他所用。

范仲淹极为重视种世衡的营田事宜，曾两次指示种世衡，把此事办得尽善尽美。妥善安置逃亡的熟户、蕃部，如果他们因战乱而未致归业耕田，可查看邻近有无官府所属空闲地土，或者田虽有主，但已荒废不耕者，拨给他们耕种；如无牛具，官府可酌情借钱解决，不能让他们流离失所。又说蕃部之人缺乏粮草者，要逐户统计数目，每10口人以上者，官府借贷给粮粟1石，10口以下者借给5斗，帮他们渡过难关。种世衡都一一照办。

范仲淹巡视边防，得知环州（今甘肃环县）羌人多与元昊相通，而种世衡素得羌人好感，青涧城已经筑成，便上书仁宗，请求调种世衡知环州。朝廷因青涧还须种世衡管理，新任延州知州庞籍也不想让种世衡离去，仁宗不准范仲淹所奏。范仲淹盱衡全局，知种世衡之才可独当一面，再次上疏举荐种世衡。他说：朝廷让我兼领环州之事，如果从臣所请，调种世衡知环州，可使边陲的文臣武将知道推让之风，也是大好事。如朝廷不允臣所请，可让臣带领本路军马，暂时驻扎环州以防不测。臣举荐种世衡之事如涉虚妄，甘愿受上书诈佞不实之罪。朝廷犹豫不决，尚未答复之际，范仲淹又一次上疏说：臣几次举荐种世衡，并非为一己之私，也不是要挟朝廷，实在是环州形势令人担忧所致。仁宗见范仲淹如此执拗地一再要求，便允如所请，调种世衡知环州。

种世衡果然不负范仲淹厚望，从青涧城风尘仆仆来到环州，不顾鞍马劳顿，便走遍境内巡视，深入羌人聚居寨落，嘘寒问暖，抚慰备至，如同在青涧城一样。环州羌人牛家族有个叫奴讹的首领，性格倔强，从未主动去拜见过郡守，听说种世衡来此任职，马上到郊区迎接。种世衡和他相约，明日到他大帐慰问部落百姓。不巧的是，那夜纷纷扬扬下了一场大雪，地上积雪深达 3 尺。种世衡的部下说，奴讹凶诈，难以相信，道路又泥泞危险，不可前往。种世衡说：我以信义交结羌人，岂能失信？遂冒雪而往。奴讹见种世衡满身雪花，立于帐幕之外，大惊说，我世世代代居住此山，汉人官员从无至此者，大人不怀疑我吗？遂率部落人众跪地罗拜，心悦诚服地做大宋臣民。

羌人酋长慕恩所率部落是羌人部落中最强大者，种世衡为笼络他，邀他一起饮酒，让美貌的侍姬出来陪酒。酒过三巡之后，种世衡起身如厕，偷偷从墙壁缝隙中观察慕恩。只见他抱着自己的侍姬调戏，便快步而出，逮个正着。慕恩又惭又惧，伏地请罪。种世衡莞尔一笑说，你是不是喜欢这个女子呀？如果喜欢，就送给你好了。当即把侍姬送给了他。慕恩感激涕零，由是得其死力，羌人部落中敢有二心者，让慕恩出兵讨伐，无不马到成功。羌人中有一个兀二族部落，种世衡招他归附，兀二族不予理会，种世衡让慕恩出兵，诛杀了他们的首领，这个部落便乖乖来降了。从此以后，羌人中百余帐皆自动归附，不敢有二心。种世衡又命诸羌人部落设置烽火，有紧急情况则举燧，种世衡得知消息后，便命令马上做出紧急处置。种世衡因功升迁为染院使（没有职掌，仅为武臣迁转之阶）、环庆路兵马钤辖。范仲淹命他与蒋偕一起修筑细腰城，其时种世衡正抱病卧床，接到命令便率领部卒日夜筑城，因劳累过度，城池修完后便一病不起。范仲淹给他的评价是："足机略，善抚驭，得蕃汉人情。"

对于种世衡之死，范仲淹异常悲痛，先写了《祭知环州种染院文》，称赞他"西戎入寇兮，边臣共沮。君从边事兮，独立不惧"，又说："伊余知君兮，屡以才举。改环之麾兮，御彼外侮。万余族落兮，贪豺狡鼠。畏如明神兮，爱如慈父。朝廷倚之兮，一方柱础。"

范仲淹知道种世衡才干超群，才多次向朝廷举荐，终于任职环州，抵御外侮。环州周边羌人甚多，部落逾万，贪如豺狼，狡诈如鼠，但却敬畏种世衡如神明，爱之如父。朝廷倚为擎天一柱。范仲淹在《东染院使种君墓志铭》中又深情地说："生则有涯，死宜不泯。边俗祀之，子子孙孙。"种世衡虽然生命终止了，但他的英名永远不会泯灭。边陲的蕃、汉百姓，子子孙孙都会祭祀他。

蒋偕是华州郑县（今陕西渭南华州区）人，宝元初年西夏犯边境时，曾任同州通判，熟悉西北边陲事宜，几次上书议论边事。他在陕西筹划钱粮，还任过沿边计置青白盐使。他的才能受到了正在西北领兵的范仲淹、庞籍的赏识，联袂举荐他为北作坊副使、环庆路兵马都监，不久又知汾州（治今山西汾阳）、泾州，再徙原州（治今甘肃镇原县）。原州接近西夏疆界，辖区内有明珠、灭臧、康奴等羌人部落，多次袭击官府，蒋偕率兵埋伏邀击，斩首400人，生擒羌人酋长，焚毁羌人帐落，俘获马、牛、羊各以千计，边境得以安宁。范仲淹认为蒋偕是个人才，应该重用，先给朝廷上了《奏乞陕西主帅带押蕃部使》的奏章，指出环州的种世衡、原州的蒋偕抚驭蕃部有方，请朝廷授此两人兼管辖蕃部使，以此激励边臣，缓急都可使唤，并可减少戍守之兵。不久，又上疏说，蒋偕所在的原州是极靠边境的小郡，比起治理泾州来更为不易，蒋偕到任已过半年，州界羌人未再骚动，请求朝廷擢升官职。

马怀德曾任延州南安寨主、东路巡检，曾以少数士兵击败过西夏来犯之兵。范仲淹知延州，修青涧城，奏举马怀德为青涧城兵马监押。此后马怀德屡破西夏，立下战功，但是朝廷赏薄，只是在他日后升迁时在资历上略加照顾。范仲淹愤愤不平，上疏说，马怀德实堪充任将佐，率领军马，捍卫边陲，请圣上给予阁门祗候，充延州青涧城都监。朝廷允如所请。

郭逵是开封人，他的兄长郭遵曾在延州军中服役，在抗击西夏时以身殉国，朝廷录用郭逵为三班奉职，隶属范仲淹麾下。范仲淹见他戎马之暇喜欢读书，便勉励他多读治国理政之书，待之如家人。延安城招募到18位骁勇善战的士兵，号称清刚社，一次与西夏作战，误杀已归顺宋朝的熟羌，按照宋朝法律，妄杀无辜者应处死，郭逵请求范仲淹免其死罪，责之以观后效。范仲淹听从了他的建议，有13人得以从轻发落，保住了性命。庆历初年，陕西经略判官尹洙建议范仲淹攻取灵武，范仲淹犹豫不决，召郭逵计议。郭逵说：灵武距此太远，劳师远征，粮秣不继，灵武城虽大但可用之兵不多，即使占领，对我朝用处也不大，窃以为不应出师。范仲淹见他言之有理，遂不再出兵。延安府中的官吏都讥诮郭逵柔弱不武，不敢与西夏一争高下，郭逵也不争辩。不久，任福兵败，全军覆没于好水川，众人这才佩服郭逵有先见之明。

陈执中安抚京东路（治所宋州，即今河南商丘，辖山东东明，河南宁陵、柘城以东及江苏部分地区），奏请郭逵为驻泊将。众人论兵，共推葛怀敏为名将，郭逵持异议说，葛怀敏并无过人之处，将来必坏朝廷大事。陈执中听了甚为生气。过了几天，陈执中问郭逵，你怎么知道葛怀敏不是名将必坏朝廷大事？郭逵说，我了解他的为人，好大喜功，有勇无谋，作战必败。陈执中长叹一声说，你才是真正懂得兵法的人，葛怀敏已全军覆没了。于是擢升郭逵为真定路兵马监押。庆历四年（1044年），保州（治今河北保定）发生兵变，朝廷命知制诰田况前往处理，田况派郭逵去招抚。郭逵与叛军首领侍其臻同在范仲淹手下共事，郭逵到了城下，拿出过去所佩戴的紫囊让侍其臻看，侍其臻与其党羽在城上跪拜，表示归降，邀请郭逵登城。郭逵登上城楼，晓谕祸福。众人惶惶不安，恐怕归降之后，难免有杀身之祸。郭逵请自为人质，保证众人生命安全，于是保州叛军打开城门投降。郭逵因功升为环庆兵马都监。《宋史》称，仁宗时的名将只有狄青、郭逵两人。

周美是灵州回乐（今宁夏灵武境内）人，青年时在朔方军（治今宁夏灵武西南）服役。西夏攻陷灵州，周美逃往京城，真宗亲自召见，把他编入禁军中。仁宗天圣年间，西夏入侵平凉（今属甘肃）、方渠（今甘肃环县南方渠镇），周美以军人身份戍边。元昊反叛，陕西战事正殷，经略使夏竦举荐他为供备库使、延州兵马都监。宋军败于三川口后，捣毁了金明寨，欲乘势大举深入，周美对经略使兼知延州的范仲淹说，西夏新得势，必然倾巢来犯，金明寨首当其冲，那是我军的屏蔽，如不及时修复，恐怕就要落入西夏之手了。范仲淹命周美把金明寨修复如故。不久，西夏军数万人果然来进攻金明寨，在延安城北30里处摆开阵势，与宋军决战。周美领兵2000人，奋力抵御，一直战到黄昏时分，援军不至，周美兵力单薄，不敢恋战，便退至山坡北面，多设疑兵，西夏人见烟尘四起，怀疑宋朝援军来到，遂引军离去。

不久，西夏军又出现在艾嵩寨，郭北平、周美已有防备，双方杀得难解难分。周美心生一计，使人拿着火把从小路爬上山顶，到处竖起宋军旗帜，四面鼓噪，声如惊雷，西夏兵以为宋军大至，惊慌退走，周美缴获牛、骆驼、铠甲数千。范仲淹又命他修筑万安城，凯旋而还。后周美又屡立战功，范仲淹、庞籍交章推荐，升任鄜延都监、贺州刺史。自陕西用兵，宋将胜少败多，周美前后 10 余战，荡平西夏族帐 200 个，焚毁 21 个，招羌人种落内附者 11 族，收复城堡甚多，官至马军副都指挥使。在军中所得赏赐，多分给部下，如还有余，悉数用于宴请士兵。死时家无余财，妻子儿女清贫度日。周美是范仲淹非常赏识的将才。

凡是有才能者，范仲淹都大力推荐。如雷简夫原是秘书省校书郎签书秦州观察判官，范仲淹把他调入幕府。雷简夫任职以来，办事敏捷，是士子中的佼佼者，范仲淹请求朝廷升擢他为通判，“若不如所举，臣等甘当同罪”。姚嗣宗在庆历初年任环州军事判官，监庆州粮料院。范仲淹称赞他在边庭为朝廷效力，不避艰难险阻，又是写文章的老手，文笔奇险俏丽，有古人风格，同时又通晓儒家经典，在边陲任职实在是大材小用，乞将他调入国庠充当学官。张子奭是宰相张齐贤之孙，西夏与宋谈判议和时，满朝缙绅无一人请命前往，怕入不测之地丢掉性命，张子奭与王正伦作为正、副使臣慷慨前往，圆满完成使命。范仲淹为此上书朝廷，说张子奭跋涉于荒凉穷绝的沙漠之中，深入危险不测之地，舍生忘死，不辱使命，为奖励他出使西夏之劳，将来升迁时不可按常规进行，应加以奖励。朝廷采纳了范仲淹的意见，升迁张子奭为祠部员外郎，王正伦为阁门祗候。庆历四年（1044 年）范仲淹离京宣抚西北时，又推荐他堪充刑狱、钱谷重任，可见对他的倚重。张信原是环庆的低级军官，在边庭多次与西夏作战，立有战功。范仲淹称赞他“气豪胆勇，武力过人，为一时之猛士，在指使中少见其比”，请求朝廷升擢其官职，送种世衡手下管押军队，必能身先士卒，立下战功。其他如推荐秦凤路都监谢云行“勇力有机，今之骁将”，延州西路巡检使葛宗古“弓马精强，复有胆勇”，鄜延路都监谭嘉震“勇而有知，战守可用”，此类事例甚多。

对于那些有勇有谋但因某种原因遭贬谪者，范仲淹仗义执言，为他们求情，让他们立功自赎。如陕西总管司指使张忠甚为骁勇，攻城拔寨，一人可当一队之用。后因多取职田课入，被责令停职。范仲淹为他求情说：“其人颇有武勇，乞稍复官职，责其效用。”葛宗古因贪用公使钱入私囊，被有司查处，范仲淹上疏说，葛宗古被大理寺审判，恐怕判得过重，纵蒙朝廷宽贷，也会受挫折太重，使他失去作战勇气。请陛下交代新任大理寺长官的杜曾，让他在殿上说明侵吞公使钱该当何罪，然后交付中书讨论，免得因司法不公蒙受冤枉。葛宗古弓马精强，有胆有勇，在鄜延路中最为骁勇。如今朝廷选将之际，此人实在人才难得，请求朝廷从轻发落。

高延德曾任塞门寨寨主，宝元三年（1040年）元月，西夏兵破金明寨，包围延州、塞门寨。高延德守城近半年，官军无一人一骑相救，因弹尽粮绝，率众突围时被俘，后被放回，朝廷追责，将他流放远方。

范仲淹上疏说，如蒙朝廷宽恕高延德之罪，让他仍在边陲戴罪立功，必能激励边疆将士，让元昊早日归顺。韩周、张宗永二人原是范仲淹部下。元昊请降，范仲淹察他无诚意，又没有表章，不敢上报朝廷，便自己写信晓谕元昊，让韩周、张宗永和塞门寨寨主高延德一同出使西夏，不料因此获罪，流放远方。范仲淹上奏说：臣在延州时，差韩周、张宗永送信给元昊，两人实在是受了我的牵累，都被流放远方。如今臣又奉圣旨，招募人进入敌界探听虚实，臣还有何面目再派别人？请求放回韩周、张宗永两人，酌情给予恩泽。但对于作战不力，应该受罚却又升了官职的人，范仲淹对这种颠倒是非的做法，表示出强烈的不满。大将许怀德因不肯率兵击贼，导致军民惊慌，他抛弃随军粮草，被送往永兴军问罪，却获得释放，授为秦州部署。不久又因西夏侵犯边境，扫荡归附宋朝的羌人熟户1000帐，许怀德不能出兵保护，应该从重处罚，但却被派往永兴军任部署。范仲淹愤愤质问："一面责降，一面迁转，天下闻之，是朝廷赏罚颠倒，取笑四方，何以激劝勋臣？何以鉴戒惰将？"恐怕而今以后，朝廷的命令就完全没有信誉了。

六、妙手填词

范仲淹在西北边陲抵御西夏，戎马倥偬之暇，也写诗填词，他的诗作甚多，词只留下五首，被后人传颂不衰的是《渔家傲·秋思》《苏幕遮·怀阳》《御街行·秋日怀旧》三首，尤其是前两首，被视为千古绝唱。

"奇文共欣赏，疑义相与析。"先来看文学史上的名篇《渔家傲·秋思》：

> 塞下秋来风景异，衡阳雁去无留意。四面边声连角起。千嶂里，长烟落日孤城闭。　浊酒一杯家万里，燕然未勒归无计。羌管悠悠霜满地。人不寐，将军白发征夫泪。

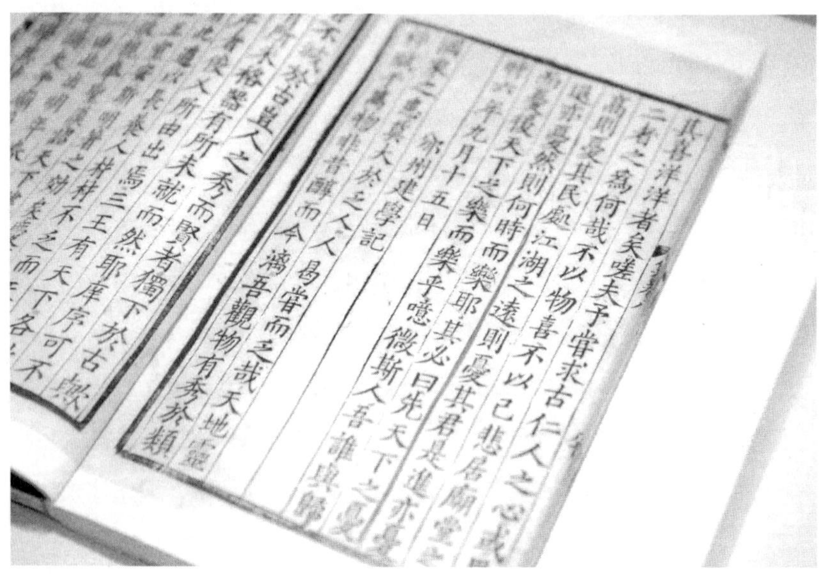

《范文正公文集》书影

上阕中，“塞下”指边界要塞之地，这里指西北边陲。边陲秋天的景色与内地迥然不同。“衡阳雁去”是说，传说衡阳城南有回雁峰，大雁南飞至此掉头北还。“边声”是指边塞特有的声音，如令人心悸的风沙声、马鸣声、胡笳声。“千嶂”是指连绵不断的山峰。暮色苍茫，烟岚四起，边疆孤城的城门便关闭了。

下阕中，“浊酒”是指以米酿成的酒，呈乳白色，故称浊酒。“燕然未勒”是引用了一段历史故事：东汉时大将窦宪率兵打败匈奴，北单于望风溃逃，窦宪率兵追击，登上燕然山（今蒙古国杭爱山），刻石记功而还。“勒”是指在石头上刻字。“羌管悠悠”是指音韵悠扬的羌笛，唐人诗中便有“羌笛何须怨杨柳”的句子。

这首边塞词上阕写景。塞下秋天风景与众不同，大雁飞至衡阳返回是写视觉；“边声连角起”是写听觉；重重叠叠山峰下的孤城在黄昏时关闭了，举目望去，一片凄凉是写感觉。通过视觉、听觉、感觉的描写，渲染环境的荒凉恶劣与边塞生活的艰苦。

下阕写情。因思念家乡而借酒消愁，喝了一杯浊酒，想起了万里之外的父母之邦，但是西夏未平，边陲不靖，为国戍边，怎能解甲归田？羌管悠悠，寒霜满地，更加重了思念亲人的惆怅。夜阑更深，不成梦寐，无论是白发苍苍的将军还是年轻的士兵都厌战思归，流下了忧国忧民的眼泪。这首词表现了在家与国的矛盾中将士们高度的责任感和忠贞的爱国思想情操。通篇苍凉悲壮，历来被视为豪放词中的代表作。

宋朝人魏泰的《东轩笔录》说，范仲淹戍守西方边陲时，曾经写《渔家傲》词数首，开头一句都是“塞下秋来风景异”，叙述戍边将士的辛劳与艰苦，欧阳修读了，戏称范仲淹为“穷塞主”，尤其是“将军白发征夫泪”一句，苍凉悲壮，慷慨生哀。欧阳修说他是穷塞主，乃是戏谑之言，不是实录。

清人黄苏的《蓼园词评》引明人沈际飞的话说，范仲淹道德高尚，不易窥其涯际，他忧国忧民的事业不可胜数，“燕然未勒归无计”等句子，“悲愤郁勃”，穷塞主岂能写出这样的诗来？清人贺裳的《皱水轩词筌》说，范仲淹的这首《渔家傲·秋思》与《诗经》中的《采薇》《出车》有异曲同工之妙。

余冠英主编的《中国文学史》说，范仲淹“把边塞诗的内容带进词的领域，使词具有较多的社会内容和开阔的风格，在北宋词中是较为罕见的”，又说《渔家傲·秋思》这首词描写“苍凉的塞下风光，白发苍苍的守边将军和离乡背井的士兵，这一切都加深了‘燕然未勒’壮志未酬的感慨”。这个评骘说得恰到好处。

《苏幕遮·怀旧》是范仲淹的另一首千古名词：

碧云天，黄叶地。秋色连波，波上寒烟翠。山映斜阳天接水。芳草无情，更在斜阳外。　黯乡魂，追旅思。夜夜除非，好梦留人睡。明月楼高休独倚，酒入愁肠，化作相思泪。

这首词上阕是描写秋天的景色。“碧云天，黄叶地”，点明时令正当秋季，天穹空旷湛碧，地上黄叶堆积。范仲淹只用了六个字便写尽了秋色。这六个字影响甚大，元人王实甫在《西厢记》中描写张生和莺莺分别时的景色，用“碧云天，黄花地，西风紧，北雁南飞”，就是化用了这首词的开头两句。还是在这一折里，又说“下西风黄叶纷飞，染寒烟衰草萋迷”，也是化用了这首词。“秋色连波，波上寒烟翠”，是说带有寒意的烟雾与山水相辉映，呈现出青翠之色，令人流连。“山映斜阳天接水”一句写斜阳远照山峰，水波与碧天相衔接，好一幅绚丽多姿的山水画卷！“芳草无情，更在夕阳外”，用芳草比喻离乡之情，古人有“离恨恰如春草，更行更远还生”“萋萋满别情”的句子，因草而触动离情，故说“芳草无情”。吴亚卿先生在《范词三首赏析》中说，这首词“字面云‘芳草无情’，弦外之音乃是词人有情”，所说极是。

下阕中，“黯乡魂，追旅思”是说因思念家乡而黯然神伤。“追旅思”

是说身在羁旅，愁肠萦怀，无计摆脱。一个“追”字是说乡愁紧随，有缠人之意。“夜夜除非，好梦留人睡”是说既然身在军旅，远离家乡，不能与亲人团聚，就只有盼望夜里做个好梦，让好梦陪伴熬过漫漫长夜，然而好梦毕竟不多，一觉醒来，乡愁仍然萦绕心头。“寻好梦，梦难成”，倚高楼，赏明月，是否可以消除思乡之愁呢？也不行。无可奈何，只有借酒消愁了。但是“酒入愁肠，化作相思泪”，饮酒不但没有消愁，反而化作思乡之泪了。这首词上阕是写远望之景，天、地、秋色、山、水、芳草、斜阳，构成了一幅和谐的画卷。下阕是抒怀，皓月当空，登楼远眺，浓浓的乡情无法排解，就连消愁的酒也化作了思乡的泪水。写乡愁离恨是诗人们常用的题材，这首词妙在语言凝练，字字珠玑，婉转深沉，感人至深，是婉约词的杰作。

清人彭孙遹的《金粟词话》说：“范希文《苏幕遮》一调，前段多入丽语，后段纯写柔情，遂成绝唱。”

清人黄苏的《蓼园词评》说：“文正一生并非怀土之士，所为乡魂旅思以及愁肠思泪等语，似沾沾作儿女想，何也？观前阕可以想其寄托。开首四句，不过借秋色苍茫以隐抒其忧国之意。‘山映斜阳’三句，隐隐见世道不甚清明，而小人更为得意之象。芳草喻小人，唐人已多用之也。第二阕因心之忧愁，不自聊赖，始动其乡魂旅思，而梦不安枕，酒皆化泪矣，其实忧愁非为思家也。”说范仲淹虽通篇写了忧愁，但并非思家，实乃忧国忧民，说的不错！清人沈祥龙在《论词随笔》一书中说：“词之妙，在透过，在翻转，在折进……‘山映斜阳天接水，芳草无情，更在夕阳外’，折进也。三者不外用意深，而用笔曲。”

《御街行·秋日怀旧》是又一首绝妙好词：

> 纷纷坠叶飘香砌，夜寂静，寒声碎。真珠帘卷玉楼空，天淡银河垂地。年年今夜，月华如练，长是人千里。　　愁肠已断无由醉，酒未到，先成泪。残灯明灭枕头敧，谙尽孤眠滋味。

都来此事，眉间心上，无计相回避。

上阕中，“香砌”的“砌”指台阶，因落花飘洒在台阶上，有淡淡的香味，故称香砌。“寒声”指带有寒意的秋声。秋天时多西风，草木零落，多肃杀之声，故曰秋声，欧阳修写有《秋声赋》。所谓“碎”是指西风短促而凄厉。“真珠帘卷玉楼空，天淡银河垂地”是写居住之环境。“真珠帘卷玉楼空”是化用了李后主之父李璟《浣溪沙》中“手卷真珠上玉钩，依前春恨锁重楼”的诗句。“真珠”指珠帘，“玉楼”指装饰华丽的楼房。如白居易《长恨歌》有“金屋妆成娇侍夜，玉楼宴罢醉和春”的诗句。“年年今夜，月华如练，长是人千里。”“千里”指路途遥远。月光如白色绸缎使人不禁思念千里之外的亲人。苏轼《水调歌头》中“但愿人长久，千里共婵娟”两句，可能是受了范仲淹的影响。

下阕“愁肠已断无由醉，酒未到，先成泪”几句是说，因与亲人分别太久，备受煎熬，愁肠寸断不可能借酒消愁，酒还未入肚，已化成泪水了。“残灯明灭枕头攲，谙尽孤眠滋味”两句中，“攲”同倚，倾斜；谙，是熟悉，深知。残灯明灭，辗转反侧，不成梦寐，算是尝尽了独自一人睡眠的滋味。“都来此事，眉间心上，无计相回避”三句中，“都来”是指时时来，天天来，“此事”指思念亲人之事。对亲人无时无刻不在的思念之情“眉间心上”都排遣不掉。

这首词上阕是写诗人对秋景的感受。夜深人静时，落叶坠地声可闻，声声搅乱人的思绪。月光似一匹长长的绸缎，光辉洒满大地，年年如此，更增加了羁旅人的惆怅。下阕是抒发诗人的愁怀。愁肠百结，欲借酒消愁却愁更愁。诗人用白描手法由景入情，情由景生，情真意切，生动传神。李清照《一剪梅》词中“此情无计可消除，才下眉头，却上心头”的句子，显然是化用了范仲淹的词。

范仲淹的词受到后世的高度评价。王国维《人间词话》盛赞李白《忆秦娥》词中“西风残照，汉家陵阙”两句，说“寥寥八字，遂关千古登临之口”，又说“后世唯范文正公之《渔家傲》、夏英公（夏竦）之《喜迁莺》善可继武，然气象已不逮矣”。李白的《忆秦娥》是千古绝唱，后世词人之作能与之媲美者，王国维只举出了范仲淹、夏竦两人，尽管范仲淹的《渔家傲·秋思》在“气象”上不如李白的《忆秦娥》，但这已是极高的评价了。

毛泽东日理万机，政事丛脞，也喜欢读范仲淹的词。1957年夏，他“睡不着，哼范词”，写下了一段赞扬范仲淹词的文字：

> 词有婉约、豪放两派，各有兴会，应当兼读。读婉约派久了，厌烦了，要读豪放派。豪放派读久了，又厌倦了，应当读婉约派。我的兴趣偏于豪放，不废婉约。婉约派中有许多意境苍凉而又优美的词。范仲淹的上两首词（按：指《渔家傲·秋思》《苏幕遮·怀旧》）介于婉约与豪放两派之间，可算是中间派吧，但基本上仍属婉约，既苍凉，又优美，使人不厌读。婉约派中的一味儿女情长，豪放派中的一味铜琶铁板，读久了，都令人厌倦的。

说范仲淹的词是介于婉约与豪放之间的词，基本上仍属婉约派；说范仲淹的词意境苍凉而又优美，这是迄今为止对范仲淹词最中肯、最公正的评价。

一、奉召回朝

庆历三年（1043年）四月，宋夏使轺往来，和议尚未达成之际，朝廷突然调范仲淹、韩琦回朝，并任枢密副使，这一举措出乎朝中大臣的预料。

原来在这年三月，有个叫孙沔的官员上疏弹劾宰相吕夷简，说他在中书20年，3次为相，政绩乏善可陈，专门树朋立党，以柔弱而易控制者为心腹，以奸诈而可供驱使者为羽翼，让他们在朝中为官，布满台阁，这岂不是汉代的张禹、唐代的李林甫重现于今日吗？吕夷简听了，并未动怒，对别人说，孙沔的话真是金玉良言，如果早说10年，也许我就改这些毛病了。其时吕夷简因年老患病，请求辞去相位，仁宗准许他以太尉致仕，可在朔（农历每月初一）、望（农历每月十五）两日入朝。

吕夷简既罢，继任宰相的是晏殊、章得象，参知政事是贾昌朝，谏官有欧阳修、蔡襄、王素、余靖。原打算任命夏竦为枢密使，杜衍、富弼为枢密副使。此时夏竦正知蔡州（治今河南汝南），因他在西北边陲抵御西夏没有建树，却骤然升任掌管全国兵权的枢密使，受到了台谏的弹劾，说他在陕西畏懦不肯尽力，巡边时带着美女，几乎酿成兵变。元昊看不起他，只悬赏3000文购买他的人头。他与吕夷简有矛盾，吕夷简不肯引为同列。吕夷简致仕后推荐他，是想冰释前嫌，现在夏竦将到京城，请陛下不要让他入朝。先后上疏者 18 人，仁宗命夏竦仍回蔡州，杜衍由枢密副使转正，富弼则辞去了枢密副使之职。

富弼由枢密副使改为资政殿学士兼翰林侍读学士，他认为西北边陲正当用人之际，把范、韩二人同时调入朝中不妥，上疏说：朝中大臣议论纷纷，此时西夏未灭，两人同时入朝，必贻误边庭事宜。请陛下采纳众议，让一人入朝供职，另一人仍在边庭，或者一年更换一次，均其劳役，内外兼顾，无过于此。仁宗看了，留中不发。

大臣蔡君谟则认为，让范、韩两人同时赴阙，两人必上疏辞让。朝中大臣认为不外有三种可能：同时回朝、一回一留、同留边庭。臣认为范仲淹在西北作招讨使，西夏畏其威名，如在枢府，掌管兵权，西夏畏惧更甚。他在陕西，百姓依赖，如在枢府，百姓更为依赖。人们议论说，范、韩两人忠于朝廷，勇于担当的品格是一样的，若以才干谋略与威望而论，则范仲淹在韩琦之上。因此，范仲淹应召回朝廷，韩琦应当留在边庭，这个道理是很显然的，请陛下斟酌。

范仲淹也甚为惶惑，他连上了五次《除枢密副使召赴阙陈让状》。

第一状说，“臣等未立边功，忽承召命，必虑别有进擢，实不遑宁”。大功未立，忽然升官，使他惶惶不安。

第二状说，西夏派人赴京城议和，臣等不敢出兵边塞，恐生事端，不敢懈怠。臣于边事刚刚熟悉，上下之间已经融洽，节制进退，可以自如。如果臣贪恋荣华求去，边臣几次易帅，肯定会生弊端。

第三状又强调不能离开边陲：如今西夏包藏祸心，边陲纷扰，臣不愿回朝，并非沽名钓誉。若贪冒宠荣，离职赴京，如有战事，危及生灵，加重朝廷之忧、后人之患，有识之人岂不责咎臣等，等将来立有寸功，归朝未晚。

第四状说，之所以要求留任，不敢说一定能消灭西夏，安定边陲。但臣受国家委托，领兵边陲，如因才力不够受责，是臣的本分。若不能办好西北边陲之事，给后人留下祸患，还算得上忠臣吗？

第五状又说，处理西北事务，远在朝廷不如亲临疆场，因为每日所接，指挥灵便，不会在仓促中失去胜算机会。如今干戈不宁，民生艰难，忠义之人思奋发有为，圣上也以西北为忧。朝廷如今应选拔非常之才，破格升迁其官职，使他们尽心尽力报效国家，臣等愿意奔走塞下，奉行朝廷策略。

范仲淹字字句句都是为国家着想，愿效命边陲，甘受困苦，不愿入朝享受荣华富贵，高风亮节，难能可贵！但是仁宗决心已定，他不理会范仲淹在陈让状中所发出的请求，执意调他回朝。范仲淹拗不过，只得按朝廷的指令，把防务交给知永兴军的郑戬，然后束装就道。

当范仲淹还在赴京阙途中，国子监直讲石介就喜形于色地写了一首《庆历圣德诗》，对主张“新政”的人物极尽赞颂之能事，其中关于范仲淹的是：

惟汝仲淹，汝诚予察。太后乘势，汤沸火热。

汝时小臣，危言嶪嶪。为予司谏，正予门阑。

为予京兆，堲予谗说。贼叛于夏，往予式遏。

六月酷日，大冬积雪。汝暑汝寒，同于士卒。

予闻辛酸，汝不告乏。

这几句诗是用天子口吻称赞范仲淹的。说朕已考察你范仲淹多时了。刘太后执政时，仲淹你官职甚低，却敢挺身而出，高言谠论，不畏权势；任职司谏时，中规中矩，正直立朝；知开封府时，坚持原则，不和稀泥，敢和谗言、不端行为做斗争；任职西北边陲，不管酷暑寒冬，都和士卒同甘共苦。你这种精神朕都受到感动，但你从未为此而消沉。石介又说：

惟仲淹、弼（指富弼），一夔一契，天实赉予，予其敢忽。

并来弼予，民无瘥札。

夔是尧舜时的乐官，舜时任乐正，他正六律和五声以通八风，而天下大服。舜说天下有一个夔就足够了，夔是大贤大能之人。契（xiè）是传说中帝喾之子，商的始祖。曾帮助禹治水有功，被舜任为司徒，掌管教化，也是一位治国贤臣。把范仲淹和富弼比作古代的贤能大臣夔和契，那是很高的评价。仁宗说，这两人是上天赐予朕的贤臣，朕一点都不能怠慢。两人联袂辅佐朕躬，老百姓就不会有困苦了。

石介在诗中还对章得象、晏殊、贾昌朝、杜衍、蔡襄、王素等一时名臣多有赞颂，对夏竦则斥之为大奸。这首诗太过于直白，得罪了一些人，孙复就说，石介写这首诗闯祸了。范仲淹在回朝途中读到这首诗，摇摇头对韩琦说，石介简直是个鬼怪，坏了朝廷大事。韩琦也说，天下事不可如此写入诗中，将来必有恶果。后来石介的遭遇果然如此。庆历新政失败后，石介先是被放逐到濮州（治今山东鄄城县北），还未到任就一病不起。他的子弟也受到了连累，羁管他乡，过了很长一段时间才回到故乡。

范仲淹回朝任职之后，比在西北边陲闲暇多了，他的职责是和两府官员一起报告寻常公事。他不习惯这种生活，却无可如何。尽管士大夫和老百姓都说，朝廷重用范仲淹、韩琦，不但是社稷之幸，也是老百姓之幸，范仲淹仍觉得在边庭才有用武之地。但范仲淹又顾大局，识大体。有一则记载说，韩琦、章得象在中书时，范仲淹、富弼每有文字至两府，章得象总是闭目不答，富弼愤惋至极，要去和章得象辩论，范仲淹恐伤了大臣间的和气，连忙制止。

范仲淹入仕以来，总是孜孜不倦，推荐人才。当枢密副使不久，他发现江淮漕运不畅，京城几度陷入粮荒，尤其军队乏粮，大大影响士气，朝中文武大臣皆以为忧。范仲淹向朝廷推荐一个叫许元的国子博士可担当这一重任。其实范仲淹早就知道许元的才干。范仲淹在西北期间，许元在京城主持榷货务，他把传统的输粟入边给钱的办法改为输盐，颇受好评，仲淹称赞他“才力精干，达于时务”，特地向朝廷推荐，请求升他的官职，此次京城发生粮荒，范仲淹自然又想起了许元。朝廷于是任命许元为江、淮、两浙、荆湖制发运判官，处理漕运之事。许元受命后说，江南有6路72州，盛产稻米，如果不能供应京师粮食，我不相信。许元到南方后，下令濒临长江的州县留3个月的粮食，剩余的全部装船发运。路远的可先把粮食运往指定地点，然后换船转运。于是有上千艘运粮船驶向汴京。不久，京城就解除了粮荒。

范仲淹认为天下是治是乱，关键在于用人，“得人则治，失人则乱”。宋朝的馆阁是育才之地，如果没有大量贤俊之才补充，岂不萧索衰落？唐太宗设立文馆，延引天下贤良文学之士，让他们住宿馆内，引入内殿，讲论故事，直到夜阑更深。如今馆阁臣僚大多清贫，度日艰难，居住在米珠薪桂之地，都想去外地任职，听说在馆阁任职者，通常只有三两人，岂是培养人才的本意！这种状况必须改变，于是范仲淹向仁宗推荐了应该升职的10人名单，其中有掌管矿冶、茶盐的虞部员外郎杜杞，掌管社稷、诸坛斋宫习乐等事的太常丞章岷，掌管古今经籍图书的秘书丞尹源、张揆，掌管宫廷杂务的殿中丞王益柔、吕士昌，在大理寺任职的楚建中、苏舜钦，环州军事判官姚嗣宗和国子监直讲孙复等。他认为这10人或文辞雅远，或经术精通，请求不限资历，各补馆职。如人有提出异议，可广泛垂询，待条件成熟时，延入馆阁。今后进入馆阁两年还未任实职者，请求加恩差遣，以鼓励英俊之才钻研典籍，专修经纬之业，不必担心柴米油盐等琐事。培育人才，无过于此，“俊哲所聚，虽危必安”。范仲淹慧眼识才，这10个人后来都在不同岗位做出了贡献。

庆历三年五月，京师自春至夏，久旱不雨，禾苗枯焦。仁宗甚为忧虑，在宫中蔬食祈祷，范仲淹乘机上奏说，天灾示警，请陛下做以下几件事：一、以灾害诏告中外群臣，同心同德修明政治；二、派人到各地检查刑狱，没有人命的囚犯从轻处理；三、诏天下州县长吏访民间疾苦，贫困无法生活者应当救济；四、凡为国阵亡之家，对其寡弱之人另加照顾；五、边陲之民被掳掠不能还家者，官府应补助钱粮衣服，赎还家乡；六、诸处欠官府赋税者应当减免，更不得催逼。做好这几件事，必能下悦民心，上答苍天。范仲淹处处都为百姓着想，当然也是为宋朝的长治久安着想。

还是在庆历三年五月，沂州（治今山东临沂）虎翼军卒王伦率数十人发动兵变，杀死巡检使朱进，肆虐于密（治今山东诸城）、青（治今山东青州）二州。因遭官府镇压，遂南下转攻楚（治今江苏淮安）、泗（治今江苏盱眙县西北）、真（治今江苏仪征）、扬（治今江苏扬州）、泰（治今江苏泰州）、高邮（治今江苏高邮）等地，最后在和州（治今安徽和县）被击溃，王伦被杀。王伦所过之处，州县长吏不是逃跑，便是迎降，甚至有设宴招待王伦、率兵民献金帛者。当王伦所率军队迫近高邮时，知军晁仲约知道抵御不住，便让富民出金帛，准备好酒肉送给王伦。王伦甚为高兴，没有骚扰高邮，转往别处。事情传到京城，枢密副使富弼非常愤怒，上奏仁宗说：盗贼公行，守臣既不战，也不守，而是让百姓醵资送给盗贼，按法律应斩晁仲约之头，否则各郡县都效法办理，没人为朝廷守城了。范仲淹却有不同见解，他说：郡县如果有士兵，有武器，足以守御城池而遇贼不抵御者，应当杀头以儆效尤。今高邮既无兵也无武器，没有抵抗，情理可恕，乞陛下免晁仲约死罪。仁宗同意了范仲淹的意见。两人回到政事堂，富弼余怒不息，斥责范仲淹说：你成全晁仲约，是想做善事成佛吗？范仲淹正色说：我与你是同僚，自应同心同德为朝廷效力，而你诱导天子杀戮臣子，皇上年纪甚轻，如果养成了杀人习惯，说不定哪一天手滑，你我的头颅就保不住了。富弼这才无话可说。后来富弼出使河北，还朝时接到命令，不许入国门，不知天子是何用意，彷徨徙倚，夜不能寐，未知是吉是凶，这才想起范仲淹谏止仁宗不杀晁仲约的话，佩服他有先见之明，叹息说：范仲淹真是超凡入圣呀！《鹤林玉露》一书的作者、南宋人罗大经有诗云：“奋臂要斩高邮首，攘臂甘驱好水军。直到绕床停箸日，始知心服范希文。”

一波未平，一波又起。庆历三年九月，又有张海、郭邈山等在陕西、湖北、四川交界处起事，他们是一帮饥民。先是攻下金州（治今陕西安康），后与党君子、范三、李宗等人会合，声势大振，转战襄（治今湖北襄阳）、邓（治今河南邓州）、唐（治今河南唐河县）、汝（治今河南汝州）、光（治今河南潢川县）、随（治今湖北随州）、均（治今湖北丹江口市西北）、房（治今湖北房县）、商（治今陕西商洛）、安（治今湖北安陆）等10余州。当张海等到达邓州顺阳县（今河南淅川县南）时，县令李正已无法抵御，又恐屠城，便用鼓乐把张海等迎入城内，大摆酒宴，恣其所取。张海所到之处，官吏惶骇作鸟兽散，巡检县尉不敢应战。范仲淹认为，张海初起事时，只有60余人，能够横行州县，不惧朝廷，恐各处穷苦百姓见他们如此豪富，心生羡慕，聚成徒党，劫取财物，掳掠士女，烹宰牛羊，恣行意气，为害甚大。汉唐末年，皆因群盗起而天下大乱，不可收拾。为今之计，应招募勇壮士兵300人，赐给盘缠钱、冬寒棉衣，发给补贴，选择精干将领统率，让这些士兵杀敌时无后顾之忧。当张海到达荆门（今属湖北）时，范仲淹又请求在京城发兵3000人，分3批出发，分屯荆南府（治今湖北荆州西北）、潭州（治今湖南长沙），以镇远方。后来张海、郭邈山兵败身亡，这支饥民起义被镇压了下去。

王伦、张海等频频兴兵作乱，是由吏治无能引起的。富弼就说：张海能纵横襄、邓等10州，是因为诸州长吏没有才能又贪赃枉法，应于通判或知县中保举有才能者充任知州，如人数不够，请朝廷下审官院选人权充知州。欧阳修也认为要认真挑选地方官吏，严立法令，不能让无才能之人居州县之职而尸位素餐。这些意见后来成为庆历新政的重要内容。

范仲淹的好友欧阳修其时正担任谏官，看到范仲淹虽调入朝中，但仁宗并未特别倚重他，不曾垂询过国家大事，于是上疏说：韩琦、范仲淹到京城以来，只是每日随两府照例上殿，呈奏寻常公事，陛下也没有特赐召对，从容访问。如今西北边陲尚未安定，必有紧急军情。请求陛下无事之时，召见范仲淹等从容询问，使他能尽情陈述如何处理西北边陲事宜。至于两府大臣，每逢边境有急事，或随时召见聚议，或令各自陈述己见。只召一两个人商量，乃祖宗朝之制，陛下不必拘守成例。御史中丞王拱辰也有类似意见。仁宗下诏说：从今日起，凡中书、枢密院大臣，除按常规奏事外，如另有陈述或朕没有特别召对，也可直言，不限时刻。仁宗纳谏在宋朝皇帝中是做得最好的。

这时朝中的参知政事是王举正，此人学识有余，才干不足，办事懦弱，不够果断，受到了谏官欧阳修、余靖、蔡襄的一致抨击，认为他不称职，应该由范仲淹取代他。王举正也有自知之明，请求辞职。仁宗从谏如流，允如所请，以枢密副使、右谏议大夫范仲淹为参知政事，资政殿学士富弼为枢密副使。欧阳修等之所以联袂推荐范仲淹，不只是因为他才干出众，还因为范仲淹任枢密副使只管军队，无法管理政事，而当时是多事之秋，要管理政事，非入中书不可。范仲淹既是众望所归，欧阳修等人举荐他也就顺理成章了。但是范仲淹却不愿就参知政事之职。他说，我朝还没有以谏官身份擢升参知政事的先例，我现在任右谏议大夫，不能接受这一职务。富弼也拿着诰命送到仁宗面前，叙述自己不能当枢密副使的原因，并说愿陛下卧薪尝胆，不忘修明政治。仁宗表示同意，把诰命送还给中书。

范仲淹既辞参知政事，心系西北边庭，他向仁宗请求，愿和韩琦到边庭巡视，仁宗答应他可到西部边陲巡视。范仲淹又说河东之地也应预作防备，枢密副使任中师曾任过并州地方官，仁宗任命范仲淹为陕西宣抚使，任中师为河东宣抚使。两人暂留京师，先行文至陕西、河东两地。但过了一个月，两人仍未出发。韩琦上奏仁宗说，西夏现在请求议和，短期内不会再有战争，范仲淹和任中师不必亲到边庭，遥领宣抚之职就可以了。西夏求和之事若得不到满足，必然出师侵扰边境，那时再速派仲淹前往。臣方在壮年，可以奔走河东，任中师是宿旧大臣，不必再派他前往了。仁宗于是下诏让韩琦代替范仲淹宣抚陕西。任中师则未成行。

二、庆历新政

庆历三年（1043 年）八月，朝廷再次任命范仲淹为参知政事，资政殿学士富弼为枢密副使。范仲淹未再推辞，富弼却再次表示不愿任职，仁宗不准。其时富弼的岳父晏殊正任宰相之职，欲避嫌请求罢相，仁宗也不批准。范仲淹未西行巡边，却被任命为参知政事，有些大臣认为不妥。知谏院蔡襄就上疏说：陛下已差范仲淹宣抚陕西，又任命为参知政事，未有巡边之日。西夏狡诈，本无和意，缘边纷纷上奏说西夏正点集军马，天气渐寒，边事增多，安危之机，在此一举。仲淹久在边郡，威名素著。若早令他用陛下的威望经营西方事宜，则关中百姓有休息之期。如或坚守城寨，使贼远来无所掠夺，也足以挫西夏之锐气。边将虽多，不如朝中大臣亲临，大臣之中，莫如范仲淹自行前往，早日巡边，不要迟延，免误大事。欧阳修也说，以臣愚见，不如先遣范仲淹速去巡边。韩琦与范仲淹均是国家栋梁之臣，才识俱佳，但范仲淹在陕西军民中威信更高，若仲淹领兵御敌，韩琦居中调度，必能共济时艰。陛下既已任命范仲淹新职，不妨让他去巡防，了此一事，至多三两个月即可还朝，先平外患，再谈政事。两人的建议当然也有道理，但此时的宋朝内忧外患积弊甚多，与西夏议和，虽然一波三折，但无碍大局，而积弊不除，就可能动摇宋朝的社稷。仁宗盱衡全局，还是决定让范仲淹处理朝中事务，未再派他到边庭巡视。

仁宗皇帝非常信任范仲淹、韩琦、富弼等人，每次召见，都责成他们提出治理天下之策，并具体询问有些事务该如何处理。范仲淹对别的大臣说：圣上对我如此信任，即使肝脑涂地，我也要报答陛下之恩。但国家积弊太多，治理起来得有先后之分，完全消除积弊，使国家长治久安，非一朝一夕可以完成，不可急于求成。他人在京师，心却飞向了西北边陲，请求前往西北，因为他熟悉那里的情况，无论是和、战或粮秣供应，他都可应付裕如。仁宗刚刚任命他为参知政事，自然不允所请。作为中枢大臣，照例每年都有赏赐，范仲淹上疏说，我当枢密副使时已蒙赏赐，如今我以菲薄之才，“涓劳未立”，不可再有贪冒，贻讥于缙绅之间。既然每个大臣都有赏赐，范仲淹自然不能例外。范仲淹再次上疏说，今年二月间收到赏赐银绢，不胜感荷，臣德薄能鲜，误蒙陛下重用，备位枢密副使，仅一月光景，又改为参知政事，不应多次接受赏赐。仁宗没有再勉强他，但心里明显增加了好感。

庆历三年九月的一天，仁宗召见宰辅于天章阁，要他们对国事各抒己见，赐坐，发给笔和纸张，当场提出处理国事的意见。天章阁乃是收藏仁宗之父真宗御制文集、御书之地，天子很少在这里延见大臣，这次在天章阁召见范仲淹等大臣，表明了仁宗对这次召见的重视。当然，提建议要深思熟虑，仓促之间，不可能尽善尽美。范仲淹在反复考虑后，提出了著名的《答手诏条陈十事》，作为庆历新政的施政纲领。范仲淹认为，历代之政，久皆有弊，弊而不救，祸乱必生。宋朝结束五代之乱，富有四海，已经 80 余年，纲纪制度，逐渐遭破坏，以致官吏因循守旧，毫不作为，百姓困苦，啧有怨言，夷狄骄横、盗寇频发，必须改弦更张，改变这种局面。他提出了 10 条措施：

一是明黜陟。我朝初年没有磨勘之例，能者上，政绩平庸者至老也不升官，因此人人奋发图强，以求做出成绩。而今文官 3 年一升，武官 5 年一升，称为磨勘。如此一来，干好干坏皆可升迁，谁还肯为百姓兴利除弊，应重定磨勘之法，严于考核，使官吏不敢因循苟且，人人自励，天下何愁不治。

二是抑侥幸。从真宗时起，每逢冬至在南郊祭天或皇帝生日，各级官员都有一个子弟充当京官。一个当学士的京官，任职20年后，一家兄弟子孙就有京官20人，其他大臣也是如此。这些人的子弟接连不断进入朝廷，造成官员泛滥，无缺可补。这不但给国家财政带来了沉重负担，而且给这些纨绔子弟造成了结党营私的机会。应限制官员的“恩荫”特权，不得为子弟谋取馆职，免得与孤寒争路，以革除滥赏，省却冗官。

三是精贡举。如今国家专以辞赋取进士，以墨义取诸科，于是士人皆舍德行而逐技艺，结果是看来人才济济，但有才有识者十无一二。应改变专以诗赋墨义取士的旧制，把重诗赋改为重策论，重背诵儒家经书词句改为阐述诠释经书义理，先德行、次艺业，这样才能劝学，国家得人，百姓受赐。

四是择官长。今之刺史、县令，即古之诸侯，天下治乱，百姓休戚，全在官长好坏。如今不问贤愚，不问是否有才能，只论资历升官，懦弱无能者不能给百姓带来福祉，强悍霸道者只会残害百姓，应当逐级考核官员政绩，荐举成绩优异者，淘汰冗滥者。居州县地方官者必须爱护百姓，均其徭役，地方安宁，不招致祸乱。

五是均公田。古代欲使官员贤能，必先厚禄，然后责其廉洁。我朝初年天下郡县之官少人替补，至有六七年不调职者。不管物价如何，只要有俸禄，便可衣食无忧。后来物价渐贵，入仕者多，当官者众，有授官待阙几年者，俸禄不继，士人穷困，男不得婚，女不得嫁，丧不得葬，衣食不足，只得借贷。到官之后，为了还债，便受贿贪赃，或经商，与民争利。这都是俸禄制度不健全的结果。真宗皇帝深思熟虑，恢复古代职田之制。职田就是公田，是北宋官员合法收入的一部分。近日因职田不均，有侵民之害，有人请求罢废职田。这当然是因噎废食之举。范仲淹建议朝中与地方官员共同商议职田问题，有不均者均之，有未给者给之，使官员们衣食不缺，婚嫁丧葬之礼不废，然后要求他们廉洁，乐于当郡守县令，为百姓办事。

六是厚农桑。古代圣人之所以道德高尚，是因为施行了善政。善政的核心是养育百姓，要养育百姓必先务农。粮食丰收则衣食足，衣食足就会讲礼仪、畏刑罚，畏刑罚则寇盗自息，没有祸乱。如今国家不重视农桑，故稻米常贵，而贫苦百姓困于赋税征敛，每年都砍伐桑树、枣树，卖钱或当柴烧，国家劝农一事，有名无实。不重视农桑导致粮食短缺，价格昂贵，国库日益空虚，此一问题如不解决，国家岂能安定？建议每年秋天下令诸路转运司，让其辖下州军吏民，各人就如何使农桑兴旺提出建议，讲究农田利害，兴修水利，奖励有功之人。如此下去，数年之间，便会农利大兴，五谷丰登，国家便无缺粮之虞了。

七是修武备。宋朝初年罢诸侯兵权，聚兵京师，赐给衣粮，至今已 80 余年。如今西北强敌压境，守御士兵薄弱，京城卫兵多远戍西北，有时是仓促调兵，打破了调兵常规，西夏如果攻击，便可直趋关中，甚为堪忧，而新招之兵多是市井之辈，未经训练，有些要求得不到满足，必散为群盗。建议在京师附近招募 5 万人辅助正兵，一年四季之中三季务农，一季训练作战，既可节省养兵费用，又可防御外患。

八是减徭役。河南府（治今河南洛阳）主客户共 75900 余户，设 19 县，主户 50700 户，客户 25200 户。巩县（今河南巩义）只有 700 户，偃师只有 1100 户。像这样的县能负担徭役的不过百家，而能服徭役者不过 200 人，除鳏寡孤独之家，家家都得服徭役。因此洛西之民最为穷困。建议把河南府 19 县合并为 10 县，所废之县改设为镇，裁减掉的公职人员可以务农。减少徭役，则百姓负担可以减轻。

九是覃恩信。以前每逢大赦，天下欢呼，但官府照旧督责钱粮，如无力承担，便会镣铐加身，没收家产。至于宽赋敛，减徭役，存恤孤贫，也是一纸空文，百姓莫不怨嗟。今后赦书若宣布恩泽，各级官员拒不执行者，罚服劳役 2 年，情节严重者刺配流放。如此才能取得百姓信任。

十是重命令。朝廷命令必须令行禁止。朝廷制定法令时，必须考虑周详，不可草率，一经颁布，必须执行，违者要受到惩罚，不能姑息养奸。

范仲淹这10条建议切中时弊，颇得仁宗赏识，下诏次第颁行。只有第七条“修武备”因大臣们认为府兵制不合时宜而搁置不行。

谏官欧阳修全力支持这项改革。天下兴衰治乱系于官吏，因此吏制改革是重中之重。欧阳修说：天下官吏既多，朝廷不可能熟悉每个人的贤愚善恶，请求设立按察之法，派精明强干的官员到各州县考察官吏，公正廉洁者用红笔书写其姓名，才能只有中等者以黑笔书写其姓名，每年都上报有关部门，供他们任用官员时参考。

范仲淹也上奏说：如今朝廷官员虽多，但与陛下共同治理天下者，地方官最为重要。但近年来，用人不加选择，没有才能、贪赃受贿、年老懦弱者照例升迁，其中清廉官员百无一二，致使天下赋税不均，狱讼不平，水旱灾害不能抵御，盗贼不能防范，百姓疾苦无处申诉，人人都想叛乱，也就不奇怪了。要想纠正这一弊端，最好的办法是遴选精明强干、公正廉明的地方官。要选好地方官，请朝廷两府选好转运使，转运使确定后，让诸路自行选择知州，知州自行选择知县，不称职者罢免。地方官必须稳定，不能频繁更换，成绩优异者可以升迁。这样一来，官员都能勤勉从政，朝廷只需掌握方向就可以了。仁宗采纳了这一建议，于是任命盐铁副使张昷之为河北都转运按察使、知谏院王素为淮南都转运使、盐铁判官沈邈为京东转运按察使。三人随即分赴任所，考察官吏是廉洁还是贪滥，是黾勉从公还是浑浑噩噩度日，是受百姓爱戴还是令百姓怨声载道，一一调查清楚，上报给坐镇京师的范仲淹。

范仲淹检阅全国各地方监司名单，见到有不称职的转运使、提点刑狱，便毫不留情地一笔勾掉。富弼见他如此大刀阔斧地削减官员，便劝他说，你大笔一挥，勾掉一个人甚为容易，你可知道他一家人就要痛苦不已呀！范仲淹回答说，让这些不称职的转运使继续当官，一个路的老百姓就要遭殃痛哭了，如今解除他的职务，只是他一家人痛哭，总比一路的人都痛哭好吧。富弼举荐的江南东路（治所为江宁府，辖今江苏、安徽、江西部分地区）转运按察使杨纮说，贪赃枉法之人不可宽恕，如果让这样的人充当一郡或一邑的长官，会残害良民万家，罢免贪官，只是对他一家不利而已。那些有不法行为的地方官员怕追究责任，纷纷挂冠而去。贪官们害怕了。

改革磨勘制度是庆历新政的一项重要内容。范仲淹上奏说，审官院、三班院和主管铨选的官员负责官员的考查任用，几十年来条例几次颁布，又几次修改，既多又乱，连那些主持修改条例的官员都弄不清楚，一般人更是不知所以。主管人员随心所欲地给人定品级，颇失公允。请陛下集合这三个部门的官员和朝廷派来的官员一起，搜集所有条例共同研究，重新删定，交付中书，枢密院进呈陛下，统一施行。于是仁宗命天章阁待制曾公亮删定审官院、三班院和吏部流内铨的条贯。磨勘法修订后，那些靠年头混日子升迁的官员受到了制约。

任子之法也有弊端。所谓任子之法是指因父兄功绩，得保任授予官职的人。宋朝立国之初，赵匡胤订立任子之法，台省（即御史台、尚书省）官员六品以上，其他部门官员五品以上，在朝为官两任者，才有资格提申请；太宗时凡皇帝生日，南郊祭天时，官员们都可举奏子弟一人出仕，受恩荫的人数骤增，导致冗官愈来愈多。范仲淹、富弼商定，凡选人在南郊祭天时须经过铨试，合格的子弟才能赐官，不参加考试的子弟不能入仕；停止皇帝生日封荫官员子弟的旧例。凡有资格封荫者，长子不限年龄，孙子必须年过 15 岁，弟、侄年龄必须年满 20 岁。这一措施煞住了恩荫过滥之风。

复古劝学也是庆历新政的主要内容。范仲淹多次建议兴学，仁宗召集大臣商议，于是近侍之臣宋祁、王拱辰、张方平、欧阳修等 8 人一致上奏说，教书育人如果不在学校，考察士人品质如果不去他的家乡，就不能循名责实；学者受到声病、章句约束，就不能施展他的才能，要纠正这一弊端，应当让士子在学校受教育，然后由州县考察其品行，这样士子在入仕后就会恪守官箴了。

于是仁宗下诏：州县皆设立学校，可在所属官员中遴选教授，3年之后轮换，如教师不足，可选乡里有学问、有道德的人充当。学生须入学300天，才能参加秋试。经常参加考试的，学习时间可减至百日。考试分3场，分别考试策、论、诗赋。以往考试施行的贴经、墨义，还有诗赋考试时的声病、对偶、切音，使博学之士不能正常发挥，这些统统废止。诏书公布之后，激起了州县办学热情，学校如雨后春笋般应运而生。

其他如减徭役、裁并州县等也都次第施行。

但是新政推行还不足8个月，便遭到了守旧势力的抵制。范仲淹急于求成，往往是几条措施并举，多管齐下，议论者认为难以推行。朝廷派的按察使在全国各地弹劾了一批贪官，使得许多官员惶惶不安；任子之法的修订，触动了权贵们的利益，磨勘法使得那些平庸无能的官员不得升迁，于是纷纷攻讦范仲淹等人树朋立党，一时此说沸沸扬扬，甚嚣尘上。仁宗坐不住了，召来范仲淹询问：自古以来，小人才结为朋党，难道君子也会结为朋党吗？范仲淹答道：臣在边疆时，正值西夏入侵，军队中能征善战者结为一党，懦弱怯战者也结为一党。朝廷上也是一样，正直之人与邪恶之人各结成一党，是是非非，在于朝廷明察区分。如果君子结为朋党效忠朝廷，这样的朋党对国家有何妨害呢？

欧阳修也写成《朋党论》一文呈给仁宗，文中说：臣闻朋党之说自古有之，到底是君子党或是小人党，只能靠天子来鉴别。君子与君子因志同道合结为朋党，小人与小人因利害相同而结为朋党，这是很自然的道理。臣以为小人无朋党，只有君子有朋党。这是因为小人喜欢的是利禄，贪恋的是财富，当他们利益相同时，暂时聚集在一起，没有利益便疏远，甚至反目成仇，互相残害，即使是兄弟亲戚，也不能相保，因此说小人无朋党，暂时能结成朋党也是假的。君子则不然，他们坚守的是道义，践行的是忠信，爱惜的是名誉，他们忠心辅国，始终如一，这是君子的朋党。陛下应退小人之伪朋党，用君子之真朋党，天下就可治理了。尽管范仲淹、欧阳修把朋党论述得如此清楚，但仁宗的疑虑并未消除。

最先向庆历新政发难的是夏竦。前已论述，范仲淹奉诏入朝时，石介写有《庆历圣德诗》，讥讽夏竦是奸臣，夏竦甚为愠怒。不久，石介又给富弼写了一封信，要他行伊周之事。伊是商汤名臣伊尹，佐商伐夏，任阿衡（宰相）；周是周公旦，辅佐周武王治理国家。石介要富弼效法伊尹、周公治理国家，这本无可厚非。夏竦得知后，想陷害富弼，便命府中一个女奴模仿石介的字迹，学到能够以假乱真时，就伪造一封石介写给富弼的密信，改“伊周”为“伊霍”，到处散发。霍光是西汉昭帝时大臣，昭帝死迎立昌邑王，后又废之。夏竦把“周”字改为“霍”字，是说富弼有废掉仁宗的野心。为把栽赃陷害做得更加逼真，夏竦还伪造了石介代替富弼拟定的废立仁宗诏书的草稿。仁宗虽然并不相信富弼会做出这些荒诞的事情，但范仲淹和富弼却因此而惴惴不安，请求离开朝廷，到西北巡视边境。仁宗自然不准。

适逢契丹准备攻打西夏，边境上军队调动频繁，范仲淹再次申请离朝，赴西北边陲，仁宗同意他以河东、陕西宣抚使的头衔出使西北。范仲淹由京师赴陕西，途经郑州（治今河南郑州），前去会见已经致仕卜居郑州的宰相吕夷简。吕夷简问他因何事离开朝廷，范仲淹答以暂往河东、陕西宣抚，事毕即还朝。吕夷简虽卜居郑州，不预政事，但对朝中新旧两派斗争了若指掌，他知道范仲淹此行是被迫离朝，对他说，朝中矛盾重重，恐怕难以回朝了。如果经略西北边事，还是在朝廷方便啊！范仲淹听了，不禁佩服吕夷简有先见之明。

范仲淹是庆历新政的主将，他既已离朝，守旧派猖狂反扑，富弼在巨大压力下请求离朝，出任河北宣抚使。其时欧阳修已奉使河东，石介势单力孤，请求外任，被任命为濮州通判。仁宗任命守旧派的陈执中为参知政事，谏官蔡襄、孙甫上疏说，陈执中知青州刚愎自用，政绩不佳，若任参知政事，那是天下的不幸。仁宗不听，直接派人把任命书送到了青州。改革派步步退却，那些改革措施多半停止执行和废除了。顶住压力，还在继续改革的只剩下宰相杜衍一人，但他茕茕孑立，孤掌难鸣，不可能有大作为了。

守旧派磨牙吮血，步步进逼，由攻击新政变为攻击改革者本身，有计划、有组织地制造莫须有的事端，必欲置范仲淹等人于死地。宰相杜衍喜欢荐引贤能人才，抑制钻营投机之小人，招致了那些宵小的怨恨。杜衍有个乘龙快婿叫苏舜钦，乃参知政事苏易简之子，当时在进奏院（掌摘录各州章奏事由报告门下省，投递各州文书送有关部门）供职，他性格直爽，擅长文章，又好发议论，得罪了一些人。

进奏院每年十一月都要举行一次祠神娱乐的例会，苏舜钦依照旧例把院内的废纸卖掉，用来当作祭神娱乐的费用。祭神后又宴请出席祭神仪式的耆宿名士，还召来了官伎唱歌舞蹈助兴。与会的集贤校理王益柔诗兴大发，即席吟出了《傲歌》一首，其中有“醉卧北极遣帝佛，周公孔子驱为奴”的句子，让守旧派抓到了把柄。驱使周公、孔子为奴，虽是戏谑之语，但狎侮圣人也容易招来无妄之灾。御史中丞王拱辰是守旧派官员，他知道苏舜钦、王益柔皆是范仲淹推荐的人才，而苏舜钦又是杜衍之婿，只要能治这两人的罪，范仲淹、杜衍、富弼等还有何颜站立朝廷！于是他指使御史鱼周询、刘元瑜弹劾苏舜钦、王益柔挪用公款、召会饮酒、狎侮圣人三大罪状，仁宗将此案交付开封府审理。朝中大臣宋祁、张方平也推波助澜，说王益柔该杀。

另一名宰相章得象不置可否，枢密使贾昌明则暗中支持王拱辰，京城人议论纷纷，都在关注此案如何结局。三人成虎，积毁销骨。就在苏舜钦、王益柔百口莫辩，命悬一线时，枢密副使韩琦挺身而出，上奏仁宗说，王益柔少不更事，狂妄之言，何足深究！张方平等皆是陛下倚重大臣，应当与国家休戚与共。如今西北边陲战事正殷，朝中可论列的大事甚多，他们钳口结舌，不为陛下出谋划策，却来攻击一个位卑职微的王益柔，恐怕是醉翁之意不在酒，另有所图，不光为《傲歌》发难吧！仁宗本来打算重惩苏舜钦等人，听了韩琦这一番话，怒气缓解了不少，决定从轻发落。

说是从轻发落，其实遭贬谪者仍然不少。王益柔被贬监复州（治今湖北天门）酒税，苏舜钦被除名，王洙、刁约、章岷、江休复、宋敏求等在京城的知名人士俱被贬谪出朝。守旧派官僚弹冠相庆，欣喜若狂。王拱辰小人得志，幸灾乐祸地说：改革派被我一网打尽了。苏舜钦被除名后快快离京，寓居吴中（今江苏太湖流域一带），与高僧、隐士时相过从，吟咏诗词，不问政事。杜衍落落寡合，数次请求致仕，仁宗不许。

此时范仲淹不在朝中，远在陕西边陲，得知消息，便上疏请求解除参知政事之职，“知边上一郡，带安抚之名，足以照管边事”。他想远离是非之地，在边郡建功立业。仁宗打算接受他的请求，老谋深算的章得象上奏说，范仲淹一向有虚名，一次请求辞职就批准，恐怕天下人会议论陛下罢黜贤臣，不如先赐诏不允，如果范仲淹写有谢表，那么他就是要挟君王，那时让他解职就名正言顺了。仁宗同意了他的意见。不久，范仲淹果然写了谢表，仁宗更加相信了章得象的话，认为范仲淹上谢表是有意要挟君王。

这时适逢富弼自河北还朝，还未进入京城，右正言（掌讽喻规谏）钱明逸在章得象授意下，诬陷范仲淹、富弼更改朝廷法度，扰乱国家正常秩序，凡是他们所推荐的人，都属于朋党，不是正直之人。陈执中则进谗说杜衍当宰相徇私不公，专门庇护范仲淹、富弼两人。仁宗不察究竟，听信了钱明逸、陈执中的谗言，贬谪杜衍知兖州（治今山东兖州）、范仲淹知邠州（治今陕西彬县）、富弼知郓州（治今山东东平县）。这三人是庆历新政的主要谋划者，均遭贬谪，仁宗以贾昌朝为宰相兼枢密使取代杜衍，宋庠为参知政事取代范仲淹，这意味着新政曲终人散，黯然收场了。

韩琦虽未被罢职，但处境岌岌可危，他对仁宗出尔反尔，先是重用范仲淹等后又贬谪的做法十分不满，上疏说：陛下用杜衍为相，才 120 天便将其罢免。范仲淹因西夏愿意议和而自请巡察边境，也算师出有名。贬谪富弼损失甚大。契丹大兵压境时，富弼奉命出使，舌战强虏，双方终于议和，公而忘身，古人所难。近日李良臣自契丹归来，说契丹君臣皆称赞富弼人才。陛下两次任命他为枢密副使，他不计较个人得失，匡扶社稷，要为陛下立万世基业。近来朝中风气不正，挟私念泄愤，攻击忠良，这不是国家之福。仁宗看了，不置可否。

但有一件事却牵连到了韩琦。起因是接替范仲淹任陕西四路总管的郑戬命静边寨主刘沪、著作佐郎董士廉修筑水洛城，以方便联系秦、渭两地的援兵。知渭州尹洙认为，西北边陲的宋兵不满 2 万人，筑寨越多，兵力必然越分散，西夏若以倾国之力进犯，我军将无力抵御，请求停止筑城。不久，郑戬辞职，但筑城之役未停。尹洙甚为生气，派一个叫张忠的人取代刘沪，刘沪拒不受代，尹洙大怒，派手下将领狄青将刘沪、董士廉逮捕入狱，停止了筑城之役。郑戬上疏请求继续筑城。韩琦支持尹洙，朝中大臣多数支持郑戬。结果朝廷调尹洙知庆州，又徙晋州（治今山西临汾），刘沪、董士廉获得释放并重新修筑水洛城。韩琦踧踖不安，请求离朝，朝廷命他知扬州。当时任河东转运使的欧阳修也为范仲淹鸣不平，上疏说，范仲淹、杜衍、韩琦、富弼四人，天下皆知是贤能之臣，没有可以罢职之罪。自古小人陷害良善之人，就说他们是朋党，想扳倒一个大臣，就说他专权。去掉一个良善之人，大多数良善之人仍在，小人不会得势；要尽去良善之人，他们又没有过错，只有诬陷他们是朋党，才可悉数驱逐出朝。自古大臣受天子信任者，普通的诬陷不起作用，只有用一辈子最不能容忍的专权来攻击他才能奏效。正直大臣在朝，奸邪之臣忌惮，有为国家操劳的大臣不用，那是敌国之福。欧阳修此论一出，招致了奸邪小人的群起攻击，罗织他的罪状，结果欧阳修被贬谪知滁州（治今安徽滁州），尹洙迁知潞州（治今山西长治），后又贬监均州（今湖北丹江口市西北）酒税。

贤人去位，奸邪满朝，一场轰轰烈烈的庆历新政就此偃旗息鼓了。

三、邠州、邓州

贬谪邠州是范仲淹意料中的事。当他受到守旧派的攻讦离开朝廷，巡察西北时，就给仁宗上了《陈乞邠州状》，要求“于邠、泾间知一州”，等待几年后，边陲平静，攻守皆有防备，如果仁宗还信任他，再回朝不迟。可惜的是57岁的范仲淹这一次离开朝廷，直至64岁去世，再也没有回过朝廷。

庆历五年（1045年）一月，范仲淹以资政殿学士兼陕西四路沿边安抚使身份知邠州。他在《邠州谢上表》中表示，尽管自己已不再担任参知政事之职，仍委以边庭重任，这尽出圣上所赐，敢不砥砺风节，黾勉从事。他不把贬谪放在心上，“不以毁誉累其心，不以宠辱更其守”。不管诋毁还是赞扬都改变不了他对朝廷的耿耿忠心，不管是优宠还是耻辱都不会改变自己的操守。这种精神的确难能可贵！

在邠州兴建学校是范仲淹知邠州后的头等大事。他说：“庠序可不兴乎。庠序者，俊义所由出焉。”这句话的意思是，学校可以停下不办吗？学校是培育人才的地方。他上任的第三天便去拜谒孔夫子庙，当时学校大多都在孔庙内。主管学校的人对他说，奉诏建学，所需物资及学生均已齐备，但夫子庙地方太小，办学不便，因此群情不安。范仲淹当即与众人商议，把学校搬迁到邠州府衙的东南角，那里地方宽敞，是理想的办学之地，连孔夫子庙也一并迁去重建。次年夏天，新校址落成，师生切磋经典的讲堂、庋藏书籍的书库以及环绕长廊而建的140间教室都宽敞明亮，美轮美奂，士子来此求学者络绎不绝。

范仲淹每到一处都重视农桑。在邠州时兴修水利，希冀五谷丰登、百姓眉寿（即长寿），并为此建了眉寿堂，又写了《眉寿堂记》，全文只50余字，可谓言简意赅。他说周朝祖先公刘以农业立国，《诗经·豳风》中有关农田耕稼的记载，至今还传诵不衰，凿井耕田，人人勤劳，村里没有懒惰的农夫，每年都喜获丰收，因此我在春耕开始时备下薄酒，祝大家高寿。欣喜之余，又写《眉寿堂劝农》一首：

烹葵剥枣古年丰，莫管时殊俗自同。

太守劝农农勉听，从今再愿咏《豳风》。

古代每逢农闲时，乡村父老相聚在一起，嗑瓜子、剥枣吃，共话桑麻，现在是春耕期间，我在做同样的事，时令不同，但风俗是一样的。我作为地方长官劝农耕稼，希望能再现《豳风》中所描写的丰收景象。这首诗是范仲淹关心民生疾苦的真实写照！

解衣推食、救焚拯溺也是范仲淹的本色。一次，范仲淹以文会友，正登楼吟咏，忽见有人抬着没有装入棺材的死尸出城埋葬，询问之下，才知死者是一个卜居邠州的外籍人，家中一贫如洗，买不起棺椁，只得草草安葬。范仲淹不禁动了恻隐之心，拿出自己的俸银安葬死者，死者家属感动得热泪纵横，百姓们也很佩服范仲淹的云水襟怀。后人在邠州城内建了范文正公祠、范公亭以纪念这位爱民如子的贤太守！

政事之暇，范仲淹写了两篇祭文，一篇是祭祀已故知环州种世衡的《祭知环州种染院文》，另一篇是《祭陕府王待制文》。种世衡在庆历五年一月病逝，其时范仲淹还在赴邠州途中，这年五月，范仲淹写成祭文，后来又为种世衡写了墓志铭。范仲淹与天章阁待制王质的关系也不同寻常。当年范仲淹贬谪饶州时，王质不顾安危，敢于为范仲淹送行，并将女儿嫁给范仲淹次子范纯仁为妻，两家结为秦晋之好，在士大夫中传为佳话。庆历四年（1044 年），王质出知陕州，次年七月病逝于任上。范仲淹异常悲痛，于八月底写成祭文，说他“生相门而不骄，幼矻矻而从师”。北宋名相王旦是他的叔父，但他从不以此自诩，而是兢兢业业从师求学。想起自己被贬饶州时王质饯行的情景，他满怀深情地写道：

曩余谪于江南，靡贵贱而见嗤。

公慷慨而不顾，日拳拳以追随。

何交道之斯笃？曾不易于险夷。

仰万石之家声，结丝萝以相维。

庶子子与孙孙，保岁寒之不衰。

文中的“万石”是指西汉的河内温县（今属河南）人石奋。他 15 岁为小吏，跟随高祖刘邦。刘邦娶其姊为美人。文帝时官至太子太傅，景帝时为九卿。他和四个儿子皆官至二千石，景帝称其家为万石君。石家以孝谨闻名郡国。“结丝萝”就是指两家结亲。范仲淹希望两家子孙像寒冬的松柏不凋而常青一样永远和好。后来范仲淹又为王质作墓志铭，称赞他在几个地方当郡守，所至之处率先垂范，清心思治，兴建学校，“故每去一州，则百姓号恸如赤子之慕慈母也”。王质每离开一个地方，

范公亭

那里的百姓便如婴孩离不开慈母一样失声痛哭。可惜王质享年不永，45岁时便一病不起！

范仲淹到邠州还不到一年，西北边陲形势即稍有缓和，西夏与宋议和，双方的贸易正逐步恢复，范仲淹上疏说：四路安抚司已是事务不多，请求废罢。又说：臣患肺病已经多年，每年至秋冬时发作，当国家有急难时，臣不敢离职自求便安，当为国效力。如今西事已定，而邠州原是武臣做知州，臣是文臣，没有建树。“察臣之多病，许从善地，就访良医，于河中府，同州或京西襄、邓之间，就移一知州，取便路赴任。”仁宗允如所请，命他以给事中、资政殿学士的身份改知邓州（治今河南邓州）。

这年十一月，范仲淹携妇将雏来到了邓州。他有诗云：“南阳偃息养衰颜，天暖风和近楚关。欲少祸时当止足，得无权处始安闲。”邓州接近楚关，气候温润，是理想的养病之地。给事中是寄禄官，可按这一级别领薪俸，没有权力，而资政殿学士也是荣誉衔，表示对大臣的尊崇，无官守、无职掌，剩下的就是知州这一头衔了。如果是二品以上官员及带中书、枢密院、宣徽使等官职任职者，称判府事。范仲淹只是知邓州，没有判府事头衔，因此他才说“得无权处始安闲”。尽管官职和权力都小了很多，但范仲淹并不因此而颓唐消沉，他在给仁宗皇帝的《邓州谢上表》中说，来邓州是要“求民疾于一方，分国忧于千里，上酬圣造，少罄臣诚”。尽管仕途蹭蹬，时乖运蹇，但忧国忧民之心依然不改，这就是范仲淹的秉性与品格。

范仲淹在邓州任职三年，办了三件大事。

第一件是抗旱救灾。就在范仲淹莅任邓州的次年，当地发生了旱灾，“今秋与冬数月旱，二麦无望愁编氓”。禾苗枯焦，二麦（大麦、小麦）不登，百姓流离，辗转沟壑，范仲淹不禁忧心忡忡，他写诗自责：“得非郡国政未洽，刺史闭阁当自尤。”为抗击旱魃，他以羸弱之躯，带领百姓凿井修堰，开渠引水抗旱。“自秋徂冬渴雨雪，旬奏空文惭传邮”，他10天向朝廷报告一次灾情，而雨仍不至，徒增惭怍，因此他说“旬奏空文惭传邮”。也许是范仲淹抗旱的举动感动了上苍，这年冬天，邓州纷纷扬扬下了一场瑞雪，旱情解除，丰收有望，邓州百姓欢忭无涯，奔走街头，饮酒酣歌，范仲淹也诗情勃发，写道：“浑祛疠气发和气，明年黍稷须盈畴。烟郊空阔猎者健，酒市暖热沽人稠。”当时正任襄州（治今湖北襄阳）通判的邓州人贾黯寄来了贺雪诗，范仲淹立即依韵和诗，云：“今之刺史古诸侯，孰敢不分天子忧。”表示作为刺史为国分忧乃分内之事。又说：“常愿帝力及南亩，尽使风俗如东邹。”他要把邓州治理得如孟子的家乡邹县一样风俗淳厚，政通民安。这时河东提刑张焘出使邓州，也写诗贺雪，范仲淹笔走龙蛇，依韵赓和，写了《依韵和提刑太博嘉雪》，其中云：“君起作歌我起和，天地和气须充盈。当年此乐不可得，与雪对舞抒平生。”瑞雪飘飘，太守起舞，人寿年丰，此乐何极！

范仲淹在邓州期间，轻徭薄赋，厚重农桑，废除苛政，弊绝风清，政通人和，邓州出现了一片熙熙攘攘的升平景象。他在《酬李光化见寄二首》中写道：“庭中无事吏归早，野外有歌民意丰。”喜悦之情，溢于言表。有一次他酿成新酒，请老朋友张焘畅饮，张焘喜而赋诗，他也有诗奉和，其中云：“南阳本佳处，偶得作守臣。地与汝坟近，古来风化纯。当官一无术，易易复循循。长使下情达，穷民奚不申。此外更何事，优游款佳宾。时得一会笑，恨无千日醇。”他说南阳本是好地方，我只是偶然来做太守，此地接近叶县，也是风俗淳厚之地。自己来此地当官，并没多大能耐，不过是因循旧规而已。当然这是他的自谦之辞。他认为只要关心民瘼，重视百姓疾苦，穷苦黎民焉能不心情舒畅！只要社会秩序安定，百姓安居乐业，官吏就没有多少公事可办，剩下的就是优游岁月，款待嘉宾了。和朋友们不时聚会，只可惜没有一醉千日的美酒。在邓州的三年，是范仲淹一生中最为惬意的日子。

范仲淹在邓州办的第二件大事是创建书院，陶铸人才。邓州旧有名胜百花洲，范仲淹的同科进士谢绛任邓州知州时将其修葺，并在洲畔建览秀亭，供人游憩。那里溪水潺湲，花木葳蕤，欧阳修途经邓州时，曾有诗云：“野岸溪几曲，松蹊穿翠荫。不知芳渚远，但爱绿荷深。”范仲淹知邓州时，百花洲已荒凉破败，览秀亭也只剩下了断垣残瓦。范仲淹有诗云：“南阳有绝胜，城下百花洲。谢公创危亭，屹在高城头。尽览洲中秀，历历销人忧。”登上览秀亭，邓州的景色便可尽收眼底。而现在却是：“我来亭早坏，何以待英游？试观荆棘繁，欲步瓦砾稠。”范仲淹上任伊始便出资修葺百花洲，重建览秀亭，又在东南角城墙上建春风阁，在百花洲畔建花洲书院，“落成会中秋”，于庆历六年（1046年）中秋节竣工。从此这里弦歌不辍，莘莘士子负笈求学者络绎不绝。曾任知开封府、御史中丞的邓州人贾黯，官至宰辅的范仲淹次子范纯仁，北宋哲学家张载，以大学士身份知邓州的韩维，知邓州的谢绛之子谢景初，均在花洲书院师从过范仲淹。

除在花洲书院讲学外，范仲淹于公余之暇以文会友，在这里与墨客骚人饮酒高歌，诗文酬答。他有诗云：“开樽揖明月，席上皆应刘。敏速迭唱和，醺酣争献酬。”你看席上坐的客人一个个都是吟诗作赋的行家里手，才能不亚于“建安七子”中的应玚、刘桢，即使喝得酩酊大醉，也争着显示才学。皓月当空，云淡风轻，范仲淹陶醉在无边美景中了。批月抹风，其乐融融。每逢中元夜、中秋节，范仲淹都会在百花洲里赏月，直至夜阑更深。他有诗云：“南阳太守清狂发，未到中秋先赏月。百花洲里夜忘归，绿梧无声露光滑。”春节期间，农事稍闲，男女老幼，万人空巷，倾城出游，鼓乐喧天，丝竹并陈，范仲淹置身其中，与民同乐。他有诗云：“箫鼓动地喧，罗绮倾城游。五马不行乐，州人为之羞。”可见范仲淹与百姓的关系非常融洽。

第三件事是范仲淹在邓州写了荡气回肠的千古绝唱《岳阳楼记》，为中国文学史平添了一段佳话。

岳阳楼是古已有之的名楼，建于何时已不可考。祝穆《方舆胜览》云：“岳阳楼在郡治西南，西面洞庭，左顾君山，不知创始者为谁。唐开元四年（716 年）中书令张说出守是邦，日与才士登临赋咏，自尔名著。”张说在唐睿宗时任中书门下平章事，也就是宰相，玄宗时任中书令，这个职务是荣誉衔，没有职掌，没有权力，但他是文章司命，斫轮老手，他在岳阳楼吟咏诗赋，岳阳楼遂声名鹊起。《岳阳楼记》是应老友滕子京之请而写的。范、滕二人是同榜进士，也是莫逆之交。范仲淹经略西北边防事务，滕子京以天章阁待制身份知泾州，两人联袂抗御西夏，配合默契。范仲淹回朝任参知政事，推荐滕子京知庆州。在庆州期间，滕子京被人告发擅自挪用公使钱，遭到了监察御史梁坚的弹劾。原来宋朝各路、州、军皆给公使钱，以为宴请馈赠官员赴任、罢官及入京往来费用，随官品高低及家属多少而定，皆取之于民。滕子京挪用公使钱并未贪污自肥，而是充作了抗击西夏的经费。朝廷派人勘察此事，勘察者故意扩大事态，事情闹到了仁宗那里。虽经范仲淹、欧阳修大力营救，滕子京还是被贬到了岳州。对于这样突如其来的打击，滕子京一笑置之，并未放在心上。一年之后，百废待举的岳阳便政通人和，呈现出一片欣欣向荣的景象。范仲淹有诗云：“优游滕太守，郡枕洞庭边。几处云藏寺，千家月在船。”公余之暇，滕子京也登临岳阳楼览胜，见此楼破败不堪，不禁感慨系之，决心醵资重修，使之重现名楼风采。

按照惯例，新楼阁落成，须有一篇记叙文字与之匹配，方能提升楼阁的知名度，如王勃写《滕王阁序》、欧阳修写《醉翁亭记》一样。岳阳楼修葺一新后，滕子京首先便想到了范仲淹。一是他才高八斗，文笔汪洋恣肆，这篇文字非他莫属；二是两人“同是天涯沦落人”，灵犀相通。于是滕子京写了一封《求记书》，并附上一幅《洞庭秋晚图》，于庆历六年六月十五日派人送给了范仲淹。《求记书》中说：“窃以为天下郡国，非有山水瑰异者不为胜，山水非有楼观登览者不为显，楼观非有文字称记者不为久，文字非出于雄才巨卿者不成著。”谁是适合写此文的“雄才巨卿”呢？自然是范仲淹了。“恭惟执事，文章器业凛凛然天下之特望，又雅志有山水之好，每观送行怀远之什，未尝不神游物外，而心与景接，矧兹君山洞庭，杰杰为天下最胜，切度风旨，岂不抒遐想于素尚，寄大名于清赏者哉！”他请求范仲淹“戎务鲜退，经略暇日，少吐金石之论，发挥此景之美”。滕子京一口气写了这么多，并非有意恭维，事实上，也只有范仲淹来写，才能使岳阳楼增色生辉。特别是那幅《洞庭秋晚图》，为范仲淹写《岳阳楼记》提供了参考，使得范仲淹胸有成竹，于是展笔挥毫，一气呵成，在邓州写出了酣畅淋漓、力透纸背的《岳阳楼记》，时间是庆历六年九月十五日。

范仲淹写《岳阳楼记》时是否到过洞庭湖，是学者们争论不休的问题。一种意见认为，范仲淹写《岳阳楼记》时已 58 岁，肺病未瘳，健康欠佳，而邓州到岳阳山水迢递，又不像当代这样有火车、汽车可乘，他不可能为写一篇短文而长途跋涉前往岳阳实地考察一番。更重要的是，当时正值邓州大旱，范仲淹心系百姓，正全力率领军民抗灾，他不会擅离职守，为不急之务奔往岳阳。另一种意见则认为，范仲淹把洞庭湖的景色描绘得如此细腻入微，倘不身临其境，绝写不出这等声情并茂的文字。而检索范仲淹诗文，也有吟咏洞庭湖的句子，如明道二年（1033 年）他受命安抚江淮，途经岳州时写的《送韩渎殿院出守岳阳》一诗中就有“岳阳楼上月，清赏浩无边”的句子；景祐元年（1034 年）他被贬知睦州时写的《新定感兴五首》中有“去国三千里，风波岂不赊？回思洞庭险，无限胜长沙”的句子。可见，范仲淹是曾经到过洞庭湖的。

现在看来，范仲淹是否到过洞庭湖已不重要，重要的是他那“先天下之忧而忧，后天下之乐而乐”的忧乐观，给后世带来了深刻影响，成为我国优秀传统文化的组成部分，被世人奉为圭臬。

庆历八年（1048 年），60 岁的范仲淹在邓州任期已满，这年正月，奉诏徙知荆南府。邓州百姓不愿范仲淹离去，拦住下诏的使者求情挽留，范仲淹因家庭变故，此时也不想离开邓州，朝廷允如所请，准他继续留任。原来范仲淹知邓州的第二年七月，他的小儿子范纯粹出生。原配李氏殁于范仲淹知饶州时，纯粹生母为张氏（按：不少学者认为纯粹为曹氏所生，李伟国、范章根据 2002 年在河南伊川县彭婆乡范仲淹墓园东侧出土的《宋故冯翊郡太君张氏墓志铭》考证出纯粹生母非曹氏，乃张氏。今从之）。其时范纯粹尚在襁褓之中，长子范纯祐染疾未愈，拖家带口，道途之远，就医不便，范仲淹上疏请求“许留旧治，免涉长川”。这样，范仲淹又在邓州待了一年。

在邓州期间，范仲淹写了几篇情真意切的祭文。

第一篇是《祭同年滕待制文》，滕待制就是滕子京。两人是同榜进士，肝胆相照，意气相投，同僚同事几十年之久。庆历二年（1042 年），范仲淹荐举滕子京知庆州。范仲淹主持庆历新政后，有人诬陷滕子京在庆州贪污公使钱，仁宗甚为震怒，范仲淹不顾个人安危，几次上疏为他申冤，但滕子京仍被贬往岳州。他在岳州修葺岳阳楼，范仲淹为他写下了千古名篇《岳阳楼记》。庆历七年（1047 年）初，滕子京调知苏州，二月底到任，三月便溘然长逝，终年 57 岁，离范仲淹写《岳阳楼记》只不过半年时间。祭文在历述滕子京的才能后，又写了他的遭遇：

御史风言，用度非轻。
投杼之际，迁于巴陵。
巴陵政修，百废俱兴。
虽小必治，非贤孰能！
往临姑苏，人喜其升。
至未逾月，美声四腾。
遘疾不起，福善何凭！
我固当悲，同年之朋。

忠孝相勖，悔吝相惩。

闻其凋落，痛极填膺。

御史们不察究竟，纷纷攻讦滕子京贪污了公使钱。这事本来就是莫须有，但就像有人告诉曾参之母说，曾参杀人，曾母不信，织布如故。等到第三个人来告诉她时，曾母不得不信，投杼逾墙而走。滕子京所谓贪污公使钱的事也是如此，就这样他被贬谪到了巴陵（治今湖南岳阳）。滕子京在岳阳兴利除弊，百废俱兴，如果滕子京没有才能，焉能做到这一点！调往姑苏（今江苏苏州），人们都欣喜地看到滕子京升迁了，他在姑苏还不到一月，百姓便赞不绝口！可惜他一病不起，做了这么多好事竟不能长寿，福祸善恶之说又有何凭证！我俩是互相勉励为国尽忠尽孝、福祸同当的同榜进士、至交好友。听到他的死讯，怎能不老泪纵横！

第二篇祭文是写给曾任亳州通判的杨日严的。他任职亳州时，范仲淹是他的下属，有提携之恩。范仲淹念念不忘，写了《祭龙图杨给事文》，其中说：

余岁三十兮，从事于谯。

独栖难安兮，孤植易摇。

公方监郡兮，风采翘翘。

一顾而厚兮，甚乎神交。

议必以直兮，中无藏韬。

法必在严兮，下无冤号。

政事以和兮，不理而调。

志议以合兮，不结而牢。

公徙宛丘兮，彼岂无僚？

独不我忘兮，且荐且褒。

谯即指亳州。不管是在亳州，还是在宛丘，杨日严都在范仲淹独栖难安时施以援手，此恩此情，铭于肺腑，范仲淹用这样长的篇幅回忆往事，可见他对杨日严的感情之深！

第三篇祭文是写给好友尹洙的。尹洙比范仲淹小 13 岁，但二人却是莫逆之交。范仲淹贬谪饶州时，尹洙仗义执言，也遭贬谪。西夏攻宋，尹洙累被陕西主帅辟为判官，历知泾、渭等州，曾兼领泾原路经略公事，被人诬陷用公使钱为部将偿债，贬监均州酒税。其时他已染疾，范仲淹寄去了邓州中药并致信问候。但尹洙的病有加无瘳，范仲淹把他接到邓州治疗。可惜的是，尹洙到邓州只有 5 天，群医束手，百药罔治，便乘鹤西去。范仲淹悲痛之余，写了《祭尹师鲁舍人文》，说他"人事多故，迁谪羁旅，子行其志，曾不为苦"，屡遭贬谪，却不放在心上。但"才弗可掩，起于贬所"，朝廷看重他的才华，又从贬谪之地起用，他屡次被西北主帅辟为幕僚。"自谓功名，如芥可取。黑白太明，吏议横生。斥于散地，颓然不争。"自以为视功名如草芥，但是他办事太执着认真，得罪了不少人，被安置在闲散之地，却不去争辩："惟曰我咎，匪由人倾。"还说是咎由自取，不是别人陷害。这种襟抱，实在高尚。如今师鲁已逝，"故友门人，对泣涟涟"，只能含泪致祭了。

第四篇祭文是写给曾任宰相的李迪的。李迪是濮州鄄城（今山东鄄城北）人，进士出身。范仲淹与他交往不多，但李迪两度拜相，为人正直，范仲淹甚为敬佩，在《祭故相太傅李侍中文》中说他：

十数年间，秉持大钧。

言必谠直，道惟忠纯。

或出或处，有屈有申。

两朝真宰，一德良臣。

这样的贤良宰相离世，对朝廷来说是莫大的损失！

范仲淹知邓州期间，轻徭薄赋，恤孤念寡，邓州家给人足，安居乐业，百姓怀念这位太守，在百花洲为他建了生祠，后来命名为范文正公祠。他的业绩家弦户诵，传唱不衰。宋人黄庭坚拜谒范公祠，有诗云："公有一杯酒，与人同醉醒。遗民能记忆，欲语涕飘零”；明代人范惟一诗云：“父老总能谈旧事，邦君谁不慕遗名”；清代邓州人廖掞诗云：“刺史风流如昨日，循良遗爱在千秋”；清代邓州知州易良俶诗云：“姑苏人去三千里，宛邓惠沾百万家”；清代曾任花洲书院山长的陆仲渭有诗云：“终古风流传韵事，只有黎庶竞吟呕”……这些诗并非溢美之词，是范仲淹甘棠遗爱的真实写照！

四、最后的岁月

皇祐元年（1049年）正月，范仲淹调知杭州。这是他第三次在浙江任地方官，第一次是在睦州，第二次是在越州。与以前贬谪不同，这次他的处境有了微妙变化，屡次与范仲淹作对的夏竦去职，为人正直的文彦博拜相。不久，被贬往青州的富弼调入朝中任礼部侍郎，权三司使（盐铁、度支、户部合为三司，统筹国家财政，长官为三司使，地位仅次于执政，号称计相，权是暂时代理）。叶清臣上疏给仁宗说，如今辅佐陛下的大臣，“抱忠义之深者莫如富弼，为社稷之固者莫如范仲淹”。仁宗没有提出异议。叶清臣敢于在朝堂上公开赞美范仲淹，这意味着风刀霜剑严相逼的政治严冬已经结束，范仲淹已走出了困窘境地。仁宗派人到杭州慰问，并赐给凤茶，这是天子对臣下最优宠的礼遇，是臣子的殊荣。范仲淹在《杭州谢上表》中对仁宗“优宠旧臣，思全晚岁”的做法甚为感激，表示“敢不抱公忠之节，始终弗回”，忠于朝廷之心，始终如一，永远不变。

从邓州前往杭州，途经陈州（治今河南淮阳）时，前去看望已经罢相卜居于此的晏殊。晏殊对他有知遇之恩，范仲淹永志不忘。他在邓州时，曾写有《献百花洲图上陈州晏相公》一诗，极力赞美邓州的旖旎风光，让恩师与他分享快乐。这次又写了《过陈州上晏相公》一诗：

曩由清举玉宸知，今觉光荣绝一时。

曾入黄扉陪国论，重来绛帐就师资。

谈文讲道浑无倦，养浩存真绝不衰。

独愧铸颜恩未报，捧觞为寿献声诗。

“清举”是指晏殊荐范仲淹任馆职，“玉宸”原指天上宫阙，此处借指朝廷；“黄扉”是指宰相官邸，“国论”是指有关国事的计议；“绛帐”是说东汉马融坐高堂，设绛帐授徒，后为师长或讲课的代称；“铸颜”是指孔子教育颜回成为人才，此处指培养人才。全诗是说，我因你的举荐，而在馆阁任职，颇觉光荣；你进入朝廷议论国家大事，我也曾陪侍左右，现在还想在您的绛帐下求学；您像孔子培养颜回一样培养我，大恩未报，让我捧上酒杯，祝您长寿吧。此时的范仲淹已到花甲之年，还以门生之礼拜见恩师，令人感动！

由于心情愉快，所以范仲淹此时的诗也委婉轻灵，清新流丽。他的挚友蒋堂其时在苏州，苏杭两地相距不远，二人有诗文酬和。范仲淹有《依韵和苏州蒋密学》诗：

余杭偶得借麾来，山态云情病眼开。

此乐无涯谁可共？诗仙今日在苏台。

此诗是说到杭州当太守实属偶然，看到这青山绿水，身上的疾病也减轻了。谁人能与我共享此乐，原来诗仙在苏州，就是你蒋堂啊！唐代的诗人韦应物曾任苏州刺史，白居易戏称他为诗仙，这里是把蒋堂比作韦应物了。在另一首给蒋堂的诗中又说：“东南为首慰衰颜，忧事浑祛乐事还。”暮年来东南为官，实在是遂了心愿，忧愁已去，快乐的日子又回来了。他写诗寄给在并州既是亲戚（两人的妻子都是李昌言之女）又是朋友的郑戬：“钱塘作守不为轻，况是全家住翠屏。”杭州林壑优美，范仲淹全家就像住在青绿色的画屏中一样，怎能不开心！“最爱湖山清绝处，晚来云破雨初停。”傍晚时分，大雨初霁，天高云淡，新月如钩，杭州的西湖、远山妩媚可爱，范仲淹不禁陶醉其中了。杭州人林逋一生不仕，以梅为妻，以鹤为子，隐居杭州，与烟波钓徒为伍，曾与范仲淹有诗文唱酬。仲淹此次来杭州，林逋已去世 20 余年，仲淹约人访问林逋旧居，因雨大未成行，有诗云："湖山早晚逢晴霁，重待寻仙入翠屏。"等待雨过天晴、江山如画时再来寻找林逋的遗迹吧，此时心情也是愉快的。《忆杭州西湖》一诗也同样表达了这种愉悦之情：

长忆西湖胜鉴湖，春波千顷绿如铺。

吾皇不让明皇美，可赐疏狂贺老无？

诗的前两句是说，西湖风景比鉴湖（也称镜湖、长湖、庆湖，在绍兴西南 2 公里处）要美，碧波千顷，如在大地上铺就一般。后两句是引用了一个典故，唐代诗人贺知章在唐明皇天宝年间出家当了道士，明皇敕赐镜湖，后来贺知章终老于此。范仲淹戏谑说：当今天子雍容大度可与唐明皇（玄宗）相媲美，不知他是否也像明皇赐贺知章镜湖一样，把西湖赏赐给我呢?

范仲淹在杭州会见了不少新朋旧雨，最值得一提的是他的胞兄范仲温和青年政治家王安石。范仲温大范仲淹 4 岁，同父异母，其时他已致仕还乡。两人商定用范仲淹多年来节衣缩食的积蓄，在苏州近郊购买良田十顷作为义田，赈济范氏家族中贫窭之人，范仲淹还亲手制定了义庄管理规矩。范仲淹与王安石的会见则属偶然。范仲淹莅职杭州的第二年，也即皇祐二年（1050 年），刚到而立之年的王安石任鄞县（今浙江宁波鄞州区）县令已满 3 年，卸任后便到杭州拜谒心仪已久的大政治家范仲淹。无论是人品还是做事，范仲淹都是王安石心中的楷模，两人推心置腹，促膝长谈，范仲淹语重心长地教导王安石忧国忧民，心系社稷，王安石心悦诚服，这为后来王安石进行变法奠定了思想基础。两年后范仲淹溘然长逝，王安石不胜悲痛，撰文说："呜呼我公，一世之师，由初迄终，名节无疵。"又说："硕人今亡，邦国之忧，矧鄙不肖，辱公知尤。凶承万里，不往而留，涕哭驰辞，以赞醪羞。”称赞范仲淹是一世之师，一生光明磊落，没有一点瑕疵。如今贤德之人已逝，是国家的重大损失，我没有多大本事，但范公对我有知遇之恩。噩耗传来，我只能含泪以酒来祭奠了。这祭文写得真是情真意切！

范仲淹喜欢奖掖后辈，在杭州时凡有点才能的他都升擢官职。有一个叫苏麟的巡检被遗忘了，苏麟没有吵闹，只给范仲淹献上了一首诗，最后两句是："近水楼台先得月，向阳花木易为春。"近水的楼台因无树木遮挡，先得到月光；向阳的花木阳光照射多，春天早得发育。自己在外边当巡检，与范仲淹见面机会少，结果未被提升。范仲淹莞尔一笑，意识到是自己疏忽了，马上提升了苏麟的官职。这两句诗也广为流传，成为一段历史佳话。属下官员即使有点小毛病，只要有才能，范仲淹也不计较。一个叫韩汝玉的人知钱塘县（今属浙江杭州），眷恋上一个妓女，晚上就住在妓女家中。次日到了升堂议事时，韩汝玉尚酣睡未醒。县吏们知道县令夜宿娼家，便集聚在娼家门唱喏，请县令升堂议事。韩汝玉知道是吏员戏弄嘲笑，不慌不忙就在妓女家中问案。回到衙门，把为首的官吏杖打100下，然后给上司范仲淹写了一封辞职信说，我身为县官，行为不检点，以致为吏员侮辱，实在无颜再当父母官，请求解除我的官职，以儆效尤。范仲淹把他叫来说，你是有才能的人，偶然犯错，白璧微瑕，不必在意，照旧供职吧，愿你自爱。韩汝玉任职期满，旧病复发，偕那个妓女游西湖，相恋一月尚未离去。范仲淹本欲重用韩汝玉，见他恶习不改，便心生一计，置酒为他饯行，召那个妓女劝酒。等到韩汝玉喝得酩酊大醉时，范仲淹把韩汝玉送往一艘小船上歇息，又命船夫马上解缆开船。等到韩汝玉醒来时，船已离开钱塘数十里，那妓女也不知去向了。后来韩汝玉发愤图强，改掉了恶习，政绩颇佳，这都是范仲淹栽培的结果。

范仲淹知杭州时已六十有余，到了垂暮之年，他的家人想在洛阳买下唐朝宰相裴度居住过的绿野堂，让他在那里颐养天年。范仲淹说：裴度是唐朝名相，还有谁比他声望更隆呢？一旦买来绿野堂居住，于心何安？虽然裴家已经破落，宁可房屋损坏或者卖给他人，我也不能买。后来绿野堂被宰相张齐贤买去。北宋士大夫致仕后多卜居洛阳，如文彦博、富弼、张齐贤、司马光等皆在洛阳购买宅第。范仲淹家人也想在洛阳建府第，树苗圃，为范仲淹养老之地。范仲淹仍不同意，他说：人只要讲究道义，身体还在其次，何况居住之处？我已年过六十，来日无多，还在筹划建府第，树苗圃，岂不是多余！我所忧虑的是位高权重如何为国家尽忠，不忧愁没有房屋住。西都洛阳园林甚多，就连园林主人都不能天天去游览，还会阻挡我去游览吗？难道说非得在自己的园林中游览才算快乐吗？

皇祐二年（1050年），浙西发生了特大旱灾，禾稼不收，路有饿殍，饥民流离失所，辗转沟壑，朝廷下诏说两浙流亡之民无法生存者，允许素封之家收养，可见灾情极为严重。范仲淹下令发放仓库存粮，以工代赈。修葺寺院，新建官舍，扩充库房，这一大兴土木之举，使得那些饥民不再有枵腹之虞。浙西百姓喜欢竞渡，又喜好佛事，范仲淹于是纵民竞渡，他每日都宴乐于西湖上，自春至夏，杭州居民万人空巷，竞相出游，与太守同乐，每日有数万人之多。竞渡带动了消费，使得大量从事贸易、饮食、工技、出力服役之人有了稳定收入，不再有无米之炊的烦恼。浙西饥馑之初，谷价一斗120钱，范仲淹下令每斗增为180钱，派人四处张贴告示，晓谕商贾来此粜米。四方商贾见有利可图，竞相来此售米。粮食越聚越多，已无粮荒之虞，粮价又恢复到了每斗120钱。这年两浙之民食不果腹者不在少数，只有杭州秩序井然，百姓没有流离之苦。诚如有的学者所说，范仲淹“以工代赈，是救荒史上的创举”。朝廷中有人劾奏范仲淹“不恤荒政，嬉游不节，及公私兴造，伤耗民力”，完全是诋毁中伤的不实之词！

皇祐二年十一月，范仲淹以户部侍郎，充淄（治今山东淄博淄川区）、潍（治今山东潍坊）等州军安抚使的身份知青州。62 岁的范仲淹从杭州启程，先回苏州看望了家乡父老，又在途经淄州长山故居时看望了儿时的伙伴。“昔别君未婚，儿女忽成行。”几十年不见，当年风华正茂的伙伴，如今都成了垂垂老翁。乡亲们与范仲淹执手寒暄，一叙契阔，范仲淹也以礼参见乡亲，成为一段佳话。那个以礼参见的地方被后人命名为参礼坡，至今犹存。范仲淹勉励乡亲：“乡人莫相羡，教子读诗书。”山水迢递，稽迟行程，范仲淹抵达青州时，已是次年三月了。

到了青州，范仲淹在《青州谢上表》中仍一如既往地表示，蒙朝廷恩宠，把这么重要的地方交给我，授我以连帅（地方长官）之权，敢不夙夜忧勤，不负圣上之望。他刚到青州就碰上一件棘手的事情，即如何缴纳赋税。原来宋朝的赋役缴纳仍沿用古代的支移办法，即移此输彼，移近输远。按规定青州的田赋要到博州（治今山东聊城）缴纳，两地相距约 200 里，青州百姓至博州缴粮往返需 10 余日，倘遇阴雨，有时需一月之久，途中花费几占粮价之半，百姓苦不堪言。范仲淹得知青州粮价高于博州，便让百姓按应缴纳粮食数目折价成钱，然后以高于青州的价格在博州收购粮食，当地百姓有利可图，便踊跃卖粮，不到 5 天就购足了青州百姓应缴纳的粮食，省了百姓的运输之劳，范仲淹又把没用完的钱退还给了农户。青州百姓感激涕零，为他建了生祠。当时河朔一带发生了水灾，百姓携妇将雏逃往青州，不少流民卜居在青州乡村，四处觅食，数月间入城者就有六七千人之多。范仲淹也一视同仁，赈济灾民，使他们无冻馁之苦，等候麦熟时再让灾民返乡。

范仲淹一生重风尚气节，早年读韩愈的《伯夷颂》，对文中“若伯夷者，特立独行，穷天地、亘万世而不顾者也”这几句话非常赞赏，从政多年来一贯特立独行，从不随波逐流。

皇祐三年（1051 年）冬天，蔡州兼京西转运使苏舜元请范仲淹书写《乾卦》，范仲淹满口答应，但他未书写《乾卦》，而是用小楷工整书写了韩愈撰写的《伯夷颂》，写好后分别寄给苏舜元、杜衍、文彦博、富弼四人。

他在给苏舜元的信中说：你让我在黄素绢上书写《乾卦》，我照办了，但是《易经》中的《乾卦》一章字数太多，我眼力不好，看书吃力，故书写《伯夷颂》给你。青州冬季特别寒冷，写着写着笔就冻住了，打算重写，又恐耽误时间，让你久等。我写此信也要斟酌切磋，有不对之处，请你指教。范仲淹说《乾卦》文字太多，青州寒冷，自己又眼力不济，因此未写《乾卦》，而是写了《伯夷颂》。这些说法均是实情，但其中似乎也有难言之隐。

《乾卦》中有"潜龙勿用，下也；见龙在田，时舍也；终日乾乾，行事也"这几句话。"潜龙勿用"意思是说潜伏的龙无法施展本事，意味着有才能的人被压制于底层；"见龙在田"是说龙出现在田野上，是指君子暂时隐伏，等待合适的时机；"终日乾乾"是说君子应勤奋努力，刻苦修身，自强不息。范仲淹怕写上这几句话会引起仁宗的猜疑，也怕那些奸臣宵小深文周纳，罗织罪名，改写《伯夷颂》就可避开这一麻烦。

范仲淹书写的《伯夷颂》在历史上引起了巨大反响。文彦博有诗说："范墨韩文传不朽，首阳风节转孤高。"赞扬韩愈的文章与范仲淹的笔宝都可流传千古而不朽。饿死于首阳山下的伯夷的高风亮节也更加高尚了。富弼有诗云："夷清韩颂古皆无，更得高平（为范姓郡望，此处高平指范仲淹）小楷书。旧相嘉篇题卷后，苏家能事复何如。"说伯夷的清高和韩愈的《伯夷颂》本已传颂已久，再加上范仲淹用小楷书写，真是锦上添花，苏舜元一家的乐事还有比这更大的吗？晏殊说"精妙极双金"，杜衍说"希文健笔抄韩文"。

自范仲淹抄写《伯夷颂》后，从宋至清代，为之题跋者不下一二百人，其中不乏贤人名士，甚至秦桧、贾似道等宋代奸相也有题跋，清代乾隆皇帝也有诗说："韩辞范楷伯夷躅，俱是千秋第一流。"可见影响之大！

范仲淹在青州写的诗也洋溢着乐观进取的精神。青州有一座南楼，乃文人雅士聚会之地，富弼、欧阳修、范仲淹知青州时都登临过南楼。范仲淹《南楼》诗云：

南楼百尺余，清夜微尘歇。
天令诗人情，遗此高高月。

因为诗人们聚会吟咏，上天也眷顾他们，在高空中悬挂一轮明月。你看范仲淹多么乐观豁达！范仲淹还在皇祐三年秋天登过青州的尧王山。九月九日重阳节是尧王山庙会，这一天香客云集，香烟缭绕，钟磬声声，范仲淹在尧王像前沉思良久，挥笔写下了《尧庙》一首五言律诗：

千古如天日，巍巍与善功。
禹终平洚（hóng）水，舜亦致薰风。
江海生灵外，乾坤揖让中。
乡人不知此，箫鼓谢年丰。

这首诗说尧的丰功伟绩与日月同存。大禹降伏了洪水，舜治理国家如同和风，给百姓带来了温暖，尧让天下给舜，舜又禅让给禹，从尧到禹都给百姓带来了福祉。老百姓不了解这段历史，但是丰收使他们喜悦，正在箫乐鼓声中庆贺丰收呢。范仲淹与民同乐，以轻松愉快的笔墨写下了这首诗。

青州城西南有个叫石子涧的地方，那里原是一处瀑布，飞流直下，非常壮观，富弼知青州时曾在此建亭祈雨，人称"富公亭"。范仲淹来此游览，想起了曾知青州的好友富弼，前尘往事，奔涌心头，写下了《石子涧二首》，其一云：

凿开奇胜翠微间，车骑笙歌暮未还。
彦国才如谢安石，他时即此是东山。

石子涧是苍翠的山峦间一处独特的风景，车水马龙，游人如织，笙歌阵阵，直到暮色苍茫人们还未离去。富弼之才犹如当年的谢安，石子涧犹如东山，谢安能东山再起，彦国（富弼字）也一定能重新得到朝廷的重用。他对老朋友寄予了殷殷厚望！

青州城西有一条小溪，名为洋溪，那里林木蓊郁，风景如画，范仲淹在青州有惠政及民，溪旁有甘泉涌出，仲淹在泉上盖亭保护泉水，百姓取名为“范公井亭”。清代康熙年间知青州的张连登在《重修范公祠记》中说，范仲淹在青州施仁政，“有醴泉从井中出，较他泉甘美，又能疗疾苦，英庙（指宋英宗）时亦尝遣使取焉。至今，医家多贵之。公去后，民怀其德，建祠以祀”。明代嘉靖时曾在青州做官的高第有诗说：“千年遗爱垂青土，百代芳名照汗编。水自甘澄源不断，药逢沉疴病都痊。”说泉水能治病，说宋英宗也派人来这里汲水疗疾，都未必可信，但颂扬范仲淹的仁政却是真的。冯玉祥 1934 年游览青州范公亭时，信手书写一副对联，对范仲淹作了切中肯綮的评价：

兵甲富胸中，纵叫他虏骑横飞，也怕那范小老子；

忧乐关天下，愿今人砥砺振奋，都学这秀才先生。

王事鞅掌，公务丛脞，范仲淹几十年的从政生涯，严重损害了他的健康。身体每况愈下，他的肺病越来越严重，无法胜任繁重的公务，上疏给仁宗说，自己“年高气衰，日增疾恙，去冬以来，顿成羸老，精神减耗，形体尪弱，事多遗忘，力不支持”。此时他已 63 岁，年纪老迈，天天添病，体力不支，事多遗忘，请求在颍（治今安徽阜阳）、亳（治今安徽亳州）两州之间任择一处，作为养老之地。朝廷很快批准了他的请求，命他知颍州。

皇祐四年（1052 年）正月，范仲淹首途颍州。其时他疾病加剧，无法骑马，只能乘肩舆前往。

因他病体支离，害怕颠簸，走得很慢，五月份才到徐州。一路风尘仆仆，饮食不周，疾病困扰，无法前行，只得暂且栖息于此。刚刚安顿下来，便接到了老友韩琦的来信。范仲淹甚为感动，抱病伏枕回信说，病中捧读书信，殷勤慰问之语，令人感戴。“即今尚未痊差，扶病上道赴颍州。”承您远道垂问，使人不胜眷恋。时令已进入初暑，请您为国珍重，至祷，至祷！这也许是范仲淹最后的一篇文字了。仁宗得知范仲淹病重，派人赐药慰问。其时知徐州的是范仲淹的老相识孙沔。两人相识于宝元二年（1039年），时孙沔知楚州，他是越州人，范仲淹正知越州，孙沔归家扫墓时，特地拜访了范仲淹，请他为祖父孙鄂撰写墓碑，范仲淹欣然应命，两人遂成知己。虽经孙沔尽心医治，但范仲淹已病入膏肓，群医束手，百药罔治，五月二十日，一代政治家撒手西去，终年64岁。

范仲淹死时家无余财，连装殓时换新衣服的钱也拿不出来，他的朋友们凑钱买了棺材，安排了后事。官至参知政事，如此清贫，令人唏嘘！

易箦之际，他给朝廷写有遗丧，回顾了他一生的坎坷经历：两岁丧父，成为孤儿，少年求学，研究儒术，知道圣人之道可以治理天下，进入仕途，虽官职卑微，也极力推行圣人之道，决不因循苟且，随波逐流。不料因此竟得罪了权贵，几度放逐，饱受苦难。主持西北边事，惨淡经营，细心擘画，迫使元昊求和，虽然功劳不大，但是消弭了西北边患。进入中枢，参与大政，自应黾勉为国，不负陛下厚望，以期天下太平。然而大功尚未告成，有人便攻讦我迂阔，任贤去佞被诬为树朋立党，重农抑商被诬为沽名钓誉，这真是众口铄金，积毁销骨，我只得远离京师，五易名城。如今在赴颍州途中羁留徐州，医药罔效，沉疴难痊，病体支离，奄奄一息，不能再觐见天颜，使人肝胆摧落，嗒然若丧。还请陛下上承天帝之意，下顺百姓之心，刑罚赏赐一定要慎重得当，所发布的号令务必贯彻执行。尊宠贤人，制裁小人，制定治理天下的政策一定要周密，使百姓感到恰如其分。如此，为臣我纵然长眠于地下，但士庶百姓则能长久生活在淳朴的风尚之中了。《遗表》中没有一句话提及私事，体现了一个政治家鞠躬尽瘁、坦荡无私的胸怀！

范仲淹去世那天，四方之人得知后，莫不叹息流涕，西北邠州、庆州百姓与所属羌人，都为之画像立祠，羌人酋长数百人来到祠堂痛哭哀悼，斋戒三日，才依依不舍离去。当年十二月一日，安葬于河南府洛阳县尹樊里（今河南洛阳伊川县彭婆镇）万安山下。由欧阳修撰写神道碑铭文，王洙书丹，宋仁宗亲题“褒贤之碑”四字于碑额，富弼撰写了墓志铭，名公巨卿们撰写了祭文、挽词，以表达对范仲淹的崇敬之情。宣和五年（1123 年），宋徽宗应率兵庆阳的将领宇文虚中之请，赐庆州范文正公祠庙额为忠烈。靖康元年（1126 年），为激励将士抗金，宋钦宗追封范仲淹为魏国公。范仲淹仕宦所至之处为之立祠、建书院者，多达 20 余处，而以范公命名的亭台楼阁、堤桥路堰、井泉苑堂，更是无处不在。范仲淹名重今古，俎豆千秋！

范仲淹的气节襟抱、崇高人格成为后世学习的典范，自宋代以来好评如潮。和范仲淹一起在西北边陲御敌，后又共同主持庆历新政的韩琦盛赞范仲淹“高文奇谋，大忠伟节，充塞宇宙，照耀日月。前不愧古人，后可师于来者”，富弼称范仲淹为“圣人”；张载说他“才气老成”；吕中说“先儒论本期人物，以仲淹为第一”；王安石称他为“一世之师”；朱熹说他“天地间气，第一流人物”，又说“本朝忠义之风是自范文正作成起来也”；黄庭坚说范仲淹是“当代文武第一人”；金朝人元好问说“文正范公，在布衣为名士，在州县为能吏，在边境为名将，其材其量其忠，一身而备数器。在朝廷则又孔子之所谓大臣者，求之千百年间盖不一二见，非但为一代宗臣而已”；清朝乾隆皇帝称他是“济时良相”；清人纪晓岚在《四库全书总目》中为范仲淹所撰《文正集》写提要时说：“仲淹人品事业卓绝一时，本不借文章以传……盖行求无愧于圣贤，学求有济于天下。古之所谓大儒者，有体有用，不过如此。”

党和国家领导人也对范仲淹赞誉有加。毛泽东在《讲堂录》中说：“中国历史上不乏建功立业之人，也不乏以思想品行影响后世之人。前者如

范仲淹墓

诸葛亮、范仲淹，后者如孔孟等人。但两者兼有，即办事兼传教之人，历史上只有两位，即宋代的范仲淹与清代的曾国藩。”刘少奇在《论共产党员的修养》一书中专门引用了“先天下之忧而忧，后天下之乐而乐”这句话。江泽民在2001年的“七一”重要讲话中号召所有共产党员领导干部，应该“先天下之忧而忧，后天下之乐而乐”，吃苦在前，享乐在后。

习近平更是多次激励人们学习范仲淹“先天下之忧而忧，后天下之乐而乐”的高尚品格。早在1990年他担任福建省宁德地委书记时，在《从政杂谈》一文中说：

> 当共产党的“官”要造福于民，就得讲奉献，做到先天下之忧而忧，后天下之乐而乐。这是由党的性质和宗旨决定的。

习近平任浙江省委书记时，2004年1月5日，以哲欣的笔名在《浙江日报》发表了题为《心无百姓莫为“官”》一文，其中说：

> 古往今来，许多有作为的“官”都以关心百姓疾苦为己任。从范仲淹的“先天下之忧而忧，后天下之乐而乐”，到郑板桥的“些小吾曹州县吏，一枝一叶总关情”；从杜甫的“安得广

厦千万间，大庇天下寒士俱欢颜”，到于谦的“但愿苍生俱饱暖，不辞辛苦出深林”，都充分说明心无百姓莫为“官”。

2008年5月13日，时任中华人民共和国副主席、中央党校校长的习近平，在中央党校作的《领导干部要认认真真学习　老老实实做人　干干净净干事》的报告中说：

> 我们党除了为人民谋利益，没有任何私利。在我国，人民是国家的主人，领导干部是人民的公仆……这样的公仆意识在头脑中牢固树立起来了、深深扎根了，心中有民、一切为民，才能做到先天下之忧而忧、后天下之乐而乐，才能干干净净干事。

2013年3月1日，新任中共中央总书记的习近平在中央党校建校80周年庆祝大会暨2013年春季学期开学典礼上的讲话中说：

> 中国传统文化博大精深，学习和掌握其中的各种思想精华，对树立正确的世界观、人生观、价值观很有益处。古人所说的“先天下之忧而忧，后天下之乐而乐”的政治抱负，“位卑未敢忘忧国”“苟利国家生死以，岂因祸福避趋之”的报国情怀，“富贵不能淫，贫贱不能移，威武不能屈”的浩然正气，“人生自古谁无死，留取丹心照汗青”“鞠躬尽瘁，死而后已”的献身精神等，都体现了中华民族的优秀传统文化和民族精神，我们都应该继承和发扬。

习近平还在其他场合引用了范仲淹这句话，无须再一一摘录。在建设我们富强国家的征程中，仍然需要弘扬范仲淹的忧乐精神！

一、修身齐家

范仲淹是忧国忧民的政治家，但他同样非常重视家族家风文化——修身齐家的家族家风文化。一个优秀的政治家，必然有良好的家风。范仲淹时刻不忘传承范氏祖先的优良家风，他在越州凭吊范蠡墓时，就写出了“千载家风应未坠”的诗句。

皇祐元年（1049 年），范仲淹出知杭州途经苏州故里时，特意续修了家谱。范氏旧有家谱，但因战乱播迁、子孙流离而遗失了，范仲淹痛惜不已。他此次出任杭州，在苏州与亲族相会，“追思祖宗既失前谱未获，复惧后来昭穆不明，乃于族中索所藏诰书、家集考之，自丽水府居而下四代祖考及今子孙，支派尽在，乃创义田，计族人口数而月给之。又葺理祖第，使复其居，以求依庇。故作《续家谱》而次序之”。从此以后，范仲淹家族谱再未中断。

范仲淹在传承家族家风的同时，又制定了《范

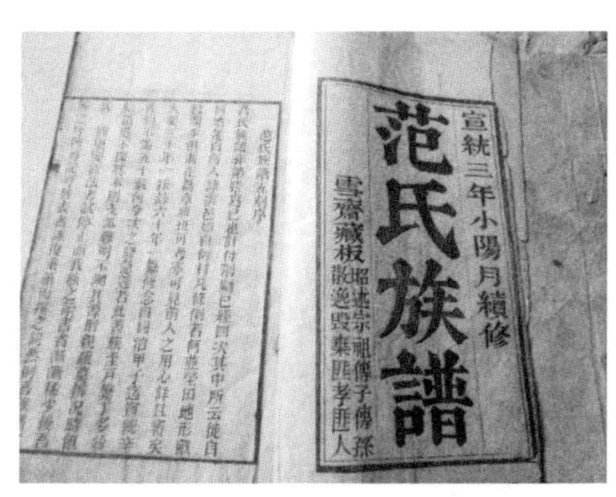

《范氏族谱》书影

仲淹家训百字铭》：

孝道当竭力，忠勇表丹诚。
兄弟互相助，慈悲无边境。
勤读圣贤书，尊师如重亲。
礼义勿疏狂，逊让敦睦邻。
敬长与怀幼，怜恤孤寡贫。
谦恭尚廉洁，绝戒骄傲情。
字纸莫乱废，须报五谷恩。
作事循天理，博爱惜生灵。
处世行八德，修身奉祖神。
儿孙坚心守，成家种善根。

这是一篇弥足珍贵的家训资料，短短100字，包含了丰富的内容，举凡孝顺父母、友于兄弟、勤读诗书、尊师重教、敦睦邻里、敬老爱幼、恤孤怜寡、谦恭礼让、廉洁奉公、戒绝骄傲、勤俭持家、修身养性等都在其中了。对于这些家训，范仲淹率先垂范，给范氏家族作出榜样，每一项都做得完美无缺。

他一生节俭，从不奢侈，每日夜晚就寝时，便计算一日饮食所需费用及所做之事，一天所做之事与一天花费相称，便酣然入睡，如果不相称，便终夜不能安眠，第二天必然想法补救。他不仅自己身体力行，勤俭节约，还严格要求子女节俭。

他的儿子范纯仁结婚时，传说女方将用罗绮做帐幔，范仲淹得知后不高兴地说，罗绮那么贵重，难道能用来做帷幔吗？我家素来清贫节俭，媳妇如果敢拿到我家，我就当众烧掉，范纯仁的妻子知道了，便打消了用罗绮做帷帐的念头。即使富贵了，范仲淹也不改节俭家风，他在给友人的一封信中说，我出生在“寒儒之家，世守廉素，恐门户一变，有勃入勃出之祸”，真是见微知著，立意高远。范仲淹出生于寒素之家，世代清廉，如因居高官而改变操守、骄奢淫逸，恐怕大祸就要临头了。他身居高官时，仍告诫儿子说，我贫贱时和你母亲一起侍奉你的祖父、祖母，你母亲亲自下厨做饭，尽管如此，你的祖父、祖母仍然经常吃不到美味饭食。如今我俸禄多了，想给你祖父、祖母多做些美味饭食，但他们已不在人世，你母亲也早已撒手而去了。我最关心的是，不能让你们长享富贵之乐而忘了过去。

范仲淹官居至参知政事，除了家中来宾客时才吃肉，妻子衣食仅够替换之用。他去世后，几个儿子穷得没有房屋居住，只能租借公家的房屋，简陋得只能遮风雨而已。尽管如此，范仲淹却乐善好施，周人急难。他在睢阳（今河南商丘）做学官时，命儿子范纯仁到姑苏搬运500斛麦子。其时范纯仁年纪还小，返程时在丹阳遇见了范仲淹的故旧之交石曼卿。询问之下，才知石曼卿已在丹阳逗留两个月之久。范纯仁问他因何事逗留，石曼卿说，他家遭遇到不幸，一连死了三个人，打算埋葬后北归家乡，但无钱买棺椁，又告贷无门，因此在这里盘桓。范纯仁听了他的叙述，便把麦子全部送给了石曼卿，自己单人独骑，从长芦（今江苏南京六合区西南）走捷径回到睢阳。拜见父亲后，范仲淹问他：在江南遇见故旧之人了吗？纯仁回答说，在丹阳遇见了石曼卿，他因无钱埋葬三位亲人而滞留未归，也没有遇到像唐朝郭元振那样仗义疏财的人，又举目无亲，实在可怜。范仲淹说，何不把船上的麦子送给他呢？范纯仁回答说，谨遵父亲教诲，我已把麦子送给他了。

流风所及，范仲淹的子孙辈也能克绍箕裘，发扬光大父祖美德，在勤俭持家、待人忠厚、为官清廉、济困扶危等方面，均有可圈可点之处。

范纯仁官至宰相，仍然不改清苦俭约本色。一次他留晁美叔吃饭，事后晁美叔给别人说，范丞相的家风变了，人家问他：何以见得？美叔说，我在他家放盐巴、豆豉的盘子里发现了两小块肉，这岂不是家风变了吗？听的人都笑得前仰后合。范纯仁年青时苦读诗书，把油灯放在蚊帐内，把蚊帐都熏黑了。后来范纯仁官至宰辅，他的妻子拿着蚊帐对儿子说，你父亲幼年勤学攻读，如今上边烟熏的痕迹尚在，你等可要保持这一家风啊！范纯仁自入仕以来，门下食客越来越多，他知陈州时，用自己的俸禄做成被褥分给穷苦的读书人，当时就有人说，战国时的孟尝君有 3000 位穿着缀珠宝鞋的客人，如今范公有 3000 位盖布被的客人。范纯仁为官清廉，颇受百姓爱戴。他在洛阳做官时，一个叫谢克家的官员从河阳（今河南孟州）来洛阳，在一所客栈内喂马，见一老翁靠着墙晒太阳，一个人跑来对老翁说，我家的黄牛被人偷了，老翁毫不理会，晒太阳如故。那人把丢牛的事又说了一遍，老翁说，你别找了，必定是邻居家戏弄你，把牛藏起来了。谢克家上前问老翁：人家丢了牛犊，为什么两次给你说，你都不理会呢？老翁笑笑说，范公在这里做官，谁还出来当强盗？必无此理。不久，丢失的牛犊果然找到了。

范纯仁雍容大度，待人忠厚，即使别人得罪了他，他也以德报怨，不和别人计较。他任职庆阳时，一个叫种诂的总管无缘无故把他告上了朝廷，朝廷派御史审理此案，种诂停职，范纯仁也被罢官。不久，朝廷起用范纯仁为枢密副使，种诂仍未复职。范纯仁不计前嫌，推荐种诂为永兴军路钤辖（临时委任的军区统兵官），又荐他知隰州（治今山西隰县）。他对别人说，我父亲与种氏义若金兰，我被种氏子弟所告，怪我不好，还论什么是非曲直呢？

《樵书》记载，范仲淹的后裔中有个叫范希荣的，以经商为业。一次，他用船贩运货物途中遇到一伙拦路抢劫的强盗，那强盗见他气度不凡，问他，你是秀才吗？范希荣回答说，是的，我是范仲淹之后。强盗说，你是好人的后代。船上的货物丝毫未动。

明朝洪武年间，苏州人范文从官拜御史，因事触怒天子，被问成死罪，下于狱中。朱元璋审理此案，看见了范文从的姓名和籍贯，连忙问道，你是范仲淹的后人吗？范文从回答说，臣是范仲淹第十二世孙。朱元璋沉思有顷，命人取来锦缎5匹，御笔大书“先天下之忧而忧，后天下之乐而乐”两句话赏赐他，又下口谕，免他5次死罪。野史所言，未必真有其事，但范仲淹的先忧后乐精神却一脉相承，贯穿古今。

《范仲淹全集》一书中记录了他给弟兄子侄的书信，告诫他们要发愤读书、正直做人、清白为官。他在给同父异母的哥哥范仲温的信中说，自己当上参知政事后，可能要西出巡察边境，亲属不能因我居高官而倚势行不义之事，应“互相戒约，勿烦州县”；让范仲温督促子侄辈努力读书：“二郎、三郎，并勤修学，日立功课。彼中儿男切须令苦学，勿使因循，须候有事业成人，方与恩泽文字。兼今后不乱奏人，逐房各已有恩泽，须是有事业，可以入官，方与奏荐也，请告谕之。”

要苦读，要有成就，才可以举荐做官，如果一事无成，即使是至亲，范仲淹也不会推荐。范仲温的儿子学业有成，有人推荐他出仕，范仲淹写信询问：不知道有几个人推荐他？又叮嘱说，你要诸事谨慎，要懂得防微杜渐，不要忽略小事情，只要耐得住贫困，不贪图富贵，别人便不会诋毁你。只要生活过得去，注意俭省节约。又在另一封信中告诫范仲温的孩子：“汝等但小心，有乡曲之誉，可以理民，可以守廉者，方敢奏荐。”

范仲温子三郎居官，范仲淹叮咛他：“汝守官处小心，不得欺事。与同官和睦多礼，有事即与同官议，莫与公人商量。莫纵乡亲来部下兴贩，自家且一向清心做官，莫营私利。汝看老叔自来如何，还曾营私否？自家好家门，各为好事，以光祖宗。”你看他叮嘱得多么细致，做官不能做欺骗之事，要与同僚和睦相处，有事与同僚商议，不要与公人（衙门中的差役）商量，不要让乡亲到自己做官处贸易货物，做官不要营私利。说得何等精辟啊！

在给朱氏兄弟子侄的信中，一再嘱咐：“居官临满，直须小心廉洁，稍有点污，则晚年饥寒可忧也。更防儿男不识好恶，多爱多爱。”做官从头至尾都要廉洁，不要因为有一些小污点坏了名声，晚年连穿衣吃饭的钱都没有了。又说，在京城交游，要注意言行，那里高官云集，一言不慎，会招来祸殃。“且温习文字，清心洁行，以自树立。平生之称，当见大节，不必窃论曲直，取小名招大悔矣。”在京城读书，要心无旁骛，努力读书，注意大节，小事情不必和人争论是非曲直。他又现身说法，自己因能忍穷，故少招祸殃：“京师少往还，凡见利处便须思患。老夫屡经风波，唯能忍穷，故得免祸。”凡贪图小利者便该考虑会招来祸患，真是金玉良言。更特别交代朱氏子弟：“虽清贫，但身安为重。家间苦淡士之常也，省去冗口可矣。”守住清贫，耐住清贫，清贫乃士之常态，甘于清贫，不汲汲于富贵，品德操守便不会有差错，这些话今日仍可作为龟鉴。

二、赈恤家族

范仲淹的忧乐精神还表现在赈恤家族、怜寡救贫上。他在《告子弟书》中说：

> 吾吴中宗族甚众，于吾固有亲疏，然吾祖宗视之，则均是子孙，固无亲疏也。苟祖宗之意无亲疏，则饥寒者吾安得不恤也？自祖宗来，积德百余年，而始发于吾，得至大官。若独享富贵而不恤宗族，异日何以见祖宗于地下，今何颜入家庙乎？

自己当了大官，若不恤寡怜贫，救济宗族，便无颜见祖宗于地下，无颜入家庙，这是何等博大的胸怀！他晚年知杭州时，曾和兄长范仲温商议，“置土田十顷于里中，以岁给宗族”，在家乡置买10顷田地，用田地的收入赡养宗族，使得“虽至贫者，不复有寒馁之忧”。范仲淹之子范纯仁也说：“切念臣父仲淹，先任资政殿学士日，于苏州吴（今属江苏苏州）、长（唐武则天时分吴县置）两县置田十余顷。其所得租米，自远祖而下诸房宗族计其口数，供给衣食及婚嫁丧葬之用，谓之义庄。”“义庄”之名，肇始于此。他继承父亲遗愿，于元丰年间增设祭田 1000 亩，史书上说他“自为布衣至宰相，廉洁如一，所得俸赐，皆以广义庄”。至南宋时期，又有族人捐献田产，到理宗嘉熙四年(1240年)，义庄田地有 3168 亩之多。宋人楼钥《范氏复义宅记》也说，范仲淹“皇祐中守杭，始至故乡，访求宗族，买田千亩作义庄以赡之。宅有二松，名堂以‘岁寒’，阁曰‘松风’，因广其居，以为义宅，聚族其中，义庄之收亦在焉”。这是说范仲淹为了帮助范氏宗族，不但设了义庄，还设了义宅。元人牟巘《义学记》又说，范仲淹“名位日盛，赏赐日厚，遂成义庄义学，为其宗族者宅于斯，学于斯”。范仲淹既为范氏家族创办了义庄、义宅，还创办了义学，真是功德无量!

范氏义庄牌坊

没有规矩，不成方圆。范仲淹于皇祐二年（1050年）十月给义庄订立了规矩：

一、逐房计口给米，每口一升，并支白米。如支糙米，即临时加折。支糙米每斗折白八升，逐月实支每口白米三斗。

一、男女五岁以上入数。（按：这是说五岁以上才能统计到领米的人数中。）

一、女使有儿女在家及十五年，年五十岁以上，听给米。

一、冬衣每口一匹，十岁以下、五岁以上各半匹。

一、每房许给奴婢米一口，即不支衣。

一、有吉凶增减口数，画时上簿。（按：指人口有增减时，须登记入册。）

一、逐房各置请米历子一道，每月末于掌管人处批请，不得预先隔跨月分支请。掌管人亦置簿拘辖，簿头录诸房口数为额。掌管人自行破用或探支与人，许诸房觉察，勒赔填。（按：这一条是说每家都有一个请求发米的小册子，于月末向管米的人提出申请并得到审批，不能跨月领取，管米的人也有管理手册，登记每家人口。掌管米的人如不守规矩私自用米或借给别人，允许各家查问，勒令赔偿。）

一、嫁女支钱三十贯，七十七陌（指布匹），下并准此。再嫁二十贯。

一、娶妇支钱二十贯，再娶不支。

一、子弟出官人每还家待阙、守选、丁忧，或任川、广、福建官留家乡里者，并依诸房例给米、绢并吉凶钱数。虽近官，实有故留家者，亦依此例支给。（按：这条是说范氏子弟当官的如回家等待分配、调换岗位、父母去世或本人在四川、广东、福建做官而家属留在家乡者，一并按在乡各户分米。虽在近处居官，但因种种原因居住在家者，也按惯例支给米面。）

一、逐房丧葬：尊长有丧，先支一十贯，至葬事又支一十五贯。次长五贯，葬事支十贯。卑幼十九岁以下丧葬通支七贯，十五岁以下支三贯，十岁以下支二贯，七岁以下及婢仆皆不支。

一、乡里、外姻亲戚，如贫窘中非次急难，或遇年饥不能度日，诸房同共相度诣实，即于义田米内量行济助。

一、所管逐年米斛，自皇祐二年十月支给逐月糇粮并冬衣绢。约自皇祐三年以后，每一年丰熟，桩留（即储备）二年之粮。若遇凶荒，除给糇粮外，一切不支。或二年粮外有余，却先支丧葬，次及嫁娶。如更有余，方支冬衣。或所余不多，即凶吉等事众议分数均匀支给。或又不给，即先凶后吉；或凶事同时，即先尊口后卑口；如尊卑又同，即以所亡所葬先后支给。如支上件糇粮吉凶事外，更有余羡数目，不得粜货，桩充三年以上粮储。或虑陈损，即至秋成日方得粜货，回换新米桩管。（按：最后两句是说，义庄所存干粮除应付吉凶等事外，若有多余的粮食，不能卖掉，可用来充当三年以上的储备粮。如果粮食存放太久怕有霉变或损失，得等到秋粮上市时才能把旧粮卖掉，籴回新米保存。）

宋神宗熙宁六年（1073年）六月范纯仁又续定规矩：

一、诸位子弟得贡赴大比试（即参加乡试科举考试）者，每人支钱一十贯文。七十七陌，下并准此。再贡者减半。并须实赴大比试乃给。即已给而无故不试者，追纳。

一、诸位子弟纵人力采取近坟竹木，掌管人申官理断。

一、诸位子弟内选曾得解（即得到荐举）或预贡有士行者二人，充诸位教授，月给糙米五石。若遇米价每石及一贯以上，即每石只支钱一贯文。虽不曾得解预贡，而文行为众所知者，亦听选，仍诸位共议。本位无子弟入学者，不得与议。若生徒不及六人，止给三石；及八人，给四石；及十人，全给。诸房量力出钱以助束脩者，听。（按：这条是说范氏子弟中被推荐为有做官资格或州、县打算送往京城参加会试的贡士这两种人，可以充当教师，每月发给糙米五石。不属以上两种人，但人品、学问为人称道者也可当教师，但要诸家共同商议，没有入学的范氏族人，不必参加。学生不足六人，每月给老师三石糙米，八人给四石，十人以上给五石。各户量力而行愿给老师捐助束脩者，准许。）

宋神宗元丰六年（1083年）七月十九日范纯仁再次修订规矩：

一、掌管人侵欺，及诸位辄假贷义庄钱斛之类，并申官理断偿纳，不得以月给米折除。（按：这条是说掌管义庄钱粮者如贪污或范姓子弟把义庄钱粮私自借人，报告给官府追赔，不能在每月应发米面中扣除。）

一、族人不得租佃义田。诈立名字同。

一、掌管子弟若年终当年诸位月给米不阙，支糙米二十石。虽阙而能支及半年以上无侵隐者，给一半。已上并令诸位保明后支。若不可保明，各具不可保明实状申文正位。（按：此条是说掌管义庄财产的人若能使范氏宗族每月按时领到米，一年可领糙米二十石；如筹措不到一年而能发放半年且不贪污中饱者，可领糙米十石。但须范氏宗族各家担保后支取。若各家不愿担保，也须申明理由，写成文字，放在范仲淹灵位前。）

一、义庄勾当人（即办事人）催租米不足，随所欠分数克除请受。谓如欠米及一分，即只支九分请受之类。至纳米足日全给。已克数更不支。有情弊者，申官决断。

宋哲宗绍圣二年（1095年）二月初八日第四次修订义庄规矩，主要内容是：范氏子弟人不在苏州者，米、绢、钱概不支给；兄弟同居，人数虽多，但领月米的奴婢不得超过5人；未结婚者虽有奴婢也不给米；义庄不得典卖族人田地。

同年四月二十九日第五次修订，主要内容是：义庄事情只能听管事人按规矩办理，族人即使是长辈也不得干预，违者交官府处理。管事人如有欺瞒行为，各户可据实写成文字申诉到范仲淹灵位前。

宋哲宗元符元年（1098年）六月、元符二年（1099年）正月十七日，宋徽宗崇宁五年（1106年）十月十二日、大观元年（1107年）七月初十日、政和三年（1113年）正月二十日、政和五年（1115年）正月二十九日、政和七年（1117年）正月十三日均有修订，是对以前所订条例的完善与补充。

南宋宁宗嘉定三年（1210年）十一月七日，范仲淹五世孙范之柔再续定规矩，这离宋徽宗政和七年所订规矩已过去了90余年。金人南下入主中原，宋高宗南渡，时局发生了变化，义庄田亩仅存，庄宅焚毁。范之柔弟兄数人经过艰辛努力，才恢复了旧观，于是续定规矩，俾范氏族人遵守。其主要内容是：

范仲淹曾祖、祖父、父亲的坟茔均在天平山，不准放牧、偷砍树林。

天平山功德寺乃范仲淹祭祀祖先之地，今有不肖子孙在义庄领过义米后，又去寺内骚扰蚕食，甚至有欺诈住持，逼走僧人，采伐庙内林木，强占寺内田地或发作园圃而不交租米，以致寺内僧人日少，住持频繁更换，致使寺庙日益颓坏。今后如有违犯之人，罚全家月俸两月，欺诈住持及占种田地者，罚全家月米一年。

诸家不得租种义庄田地，也不准编造假姓名租种，违犯者罚全家月米半年。

租种义庄田地者应予优待，使之安业。如有无赖族人抬高物价强卖给佃户者，罚全家月米两个月，并交官府处理。

按照旧规，义庄事务由掌管人处理，即使是尊长，也不得干预。近来有经商的族人向义庄兜售货物，甚至擅开仓库，恣行侵扰，一经查实，申诉至文正公灵位，除罚月米外，送官究治。

掌管义庄之人如有侵占欺瞒财产行为，勒令赔偿。再有违犯，申诉至文正公灵位，除扣除全家月米赔偿外，送官府究治，以为侵欺者戒。

诸房子弟因犯罪被罚款者，罚本人月米一年。再犯者开除出范氏家族，永不支米。犯奸盗、赌博、斗殴、欺骗等罪被开除范氏族籍后仍不悔者，控告于官府，迁移他乡，以为玷辱门户者戒。

凡有取异姓人为己子冒领月米的，不准支给。如有将己子送人，此人不务正业，在破败了别人的家产后，又归宗请米，不得支给。

诸房子弟被推荐乡试者，义庄支钱十千，但如今物价昂贵，难以如数支给，应按诸房月米内按当时物价扣减，补入太学者减半发给，使诸房子弟知读书之美。

岁寒堂除科举年份可暂作读书场所外，不得在内饮酒、居住，如有违犯，罚全房米一月。

范仲淹订立的义庄制度保障了范氏族人的基本生活无冻馁之忧，他的子孙又不断完善规章制度并得到了官府支持，使范氏义庄成为后代宗族义庄的圭臬，影响至深至远。宋人钱公辅说："公之忠义满朝廷，事业满边陲，功名满天下，后必有良史书之者。予无可书也，独书其义田以警世云。"元人牟巘在《义学记》中说，范仲淹"名位日隆，禄赐日厚，遂成义庄、义学，为其宗族者宅于斯、学于斯。所耕者义田，所由者义路，何适不宜？嘉遗后人，可谓笃至"。范仲淹创立的义庄、义田、义学，济困扶危，"老吾老以及人之老，幼吾幼以及人之幼"是一种传统美德，这种精神今天仍有借鉴意义，诚如习近平同志于 2014 年 5 月 30 日在北京市海淀区民族小学座谈会上的讲话所说：“今天，中华民族要继续前进，就必须根据时代条件，继承和弘扬我们的民族精神，我们民族的优秀文化，特别是包含其中的传统美德。”

参考文献

[1] 范能濬．范仲淹全集［M］．南京：凤凰出版社，2004.
[2] 脱脱．宋史［M］．北京：中华书局，1977.
[3] 李焘．续资治通鉴长编［M］．北京：中华书局，1979.
[4] 毕沅．续资治通鉴［M］．北京：古籍出版社，1957.
[5] 丁传靖．宋人轶事汇编［M］．北京：中华书局，1981.
[6] 张方平．张方平全集［M］．郑州：中州古籍出版社，1992.
[7] 邵伯温．邵氏闻见录［M］．西安：三秦出版社，2005.
[8] 魏泰．东轩笔录［M］．北京：中华书局，1983.
[9] 陈邦瞻．宋史记事本末［M］．北京：中华书局，1977.
[10] 吴处厚．青箱杂记［M］．北京：中华书局，1985.
[11] 沈括．梦溪笔谈［M］．北京：团结出版社，2002.
[12] 欧阳修．欧阳文忠公文集［M］．四部丛刊本．
[13] 王辟之．渑水燕谈录［M］．北京：中华书局，1981.
[14] 王明清．挥麈录［M］．北京：中华书局，1961.
[15] 司马光．涑水纪闻［M］．丛书集成版．
[16] 赵翼．廿二史札记［M］．北京：中国书店，1987.
[17] 程应镠．范仲淹新传［M］．上海：上海人民出版社，2016.
[18] 李涵，刘经华．范仲淹传［M］．郑州：中州古籍出版社，1991.
[19] 方健．范仲淹评传［M］．南京：南京大学出版社，2001.
[20] 张墨林，武桂霞．范仲淹传［M］．长春：吉林文史出版社，2011.
[21] 杨德堂．范仲淹人际交往［M］．北京：中国文联出版社，2011.
[22] 杨德堂．范仲淹足迹录［M］．北京：中国文联出版社，2009.
[23] 周鸿度，等．范仲淹史料新编［M］．沈阳：沈阳出版社，1989.
[24] 曲延庆．范仲淹幼年流寓考辨［M］．北京：中国文史出版社，2016.
[25] 张景孔．青州三贤［M］．北京：中国文联出版社，2009.

[26] 杨旭. 范仲淹研究文集 [M]. 北京：大众文艺出版社，2008.

[27] 张希清，范国强. 范仲淹研究：五 [M]. 北京：北京大学出版社，2009.

[28] 范国强. 范仲淹研究文集 [M]. 北京：人民出版社，2003.